Yvonne Joosten

Die schönsten Reden für Familienfeiern

Yvonne Joosten

Die schönsten Reden für Familienfeiern

Für Geburt, Taufe, Kommunion,
Geburtstage, Trauerfeiern
und vieles mehr

Mit Musterreden, Zitaten
und Sprichwörtern

5., aktualisierte Auflage

Bibliografische Information der Deutschen Nationalbibliothek

Die Deutsche Nationalbibliothek verzeichnet diese Publikation in der Deutschen Nationalbibliografie; detaillierte bibliografische Daten sind im Internet über http://dnb.ddb.de abrufbar.

ISBN 978-3-86910-021-0 (Print)
ISBN 978-3-86910-145-3 (PDF)
ISBN 978-3-86910-140-8 (EPUB)

Die Autorin: Yvonne Joosten ist seit über 20 Jahren erfolgreich als Journalistin und Autorin. Sie hat mehr als 50 Sachbücher veröffentlicht, darunter Ratgeber zu Reden, Festen und Bräuchen.

5., aktualisierte Auflage

© 2012 humboldt
Eine Marke der Schlüterschen Verlagsgesellschaft mbH & Co. KG,
Hans-Böckler-Allee 7, 30173 Hannover
www.schluetersche.de
www.humboldt.de

Lektorat: Eckhard Schwettmann, Gernsbach
Covergestaltung: DSP Zeitgeist GmbH, Ettlingen
Innengestaltung: akuSatz Andrea Kunkel, Stuttgart
Titelfoto: jupiter images/Robert Nicholas
Satz: PER Medien+Marketing GmbH, Braunschweig
Druck: Grafisches Centrum Cuno GmbH & Co. KG, Calbe

Hergestellt in Deutschland.
Gedruckt auf Papier aus nachhaltiger Forstwirtschaft.

Inhalt

Zitate und Gedichte für Reden für Familienfeiern

Vorwort

Eine Rede zu halten, kann auf jeden von uns einmal zukommen. Da ist es dann gut, vorbereitet zu sein. Mit einer Rede können Sie Wertschätzung und tiefe Verbundenheit mit der Ehrenperson des Festes ausdrücken. Viele Anlässe gerade im Familienkreis erhalten durch eine gute Ansprache die ihnen zukommende Bedeutung. Es wird jemand gefeiert, für den ein neuer Lebensabschnitt beginnt oder der etwas Außergewöhnliches geleistet hat. Auf jeden Fall ist sie oder er es wert, einmal vor den versammelten Gästen beglückwünscht, geehrt oder gelobt zu werden.

Erst eine Rede (und manchmal muss es eben genau Ihre Rede sein) gibt dem Fest den richtigen Rahmen. Nutzen Sie die Gelegenheit, wenn die Reihe an Ihnen ist, eine Ansprache zu halten, Ihre Zuhörer über Erfreuliches zu unterhalten und über Interessantes zu informieren. Dieses Buch will Ihnen dabei helfen.

Im Anfang war das Wort

Jedoch: Vor dem Wort steht die Vorbereitung. Sorgfältige Stoffsammlung und Recherche sind die Grundlage jeder gelungenen Ansprache.

Schreiben Sie daher zunächst alles auf, was Sie über den Jubilar, den Konfirmanden, die Abiturientin oder den frischgebackenen Meister wissen, und befragen Sie dazu Angehörige oder Freunde der Hauptperson. Bezeichnende Anekdoten, bisher nicht bekannte Begabungen und Interessen kommen so oftmals zutage, die ein zusätzliches erfreuliches Licht auf die Ehrenperson werfen. Selbstverständlich werden niemals wirkliche Geheimnisse oder gar Peinlichkeiten in die Rede mit aufgenommen, sondern ausschließlich die guten Seiten hervorgehoben.

Für den seltenen Fall, dass überhaupt nichts über die Hauptperson in Erfahrung zu bringen ist, gibt es einen Kunstgriff: Nutzen Sie Zeitbezüge. Suchen Sie parallele Ereignisse der Weltgeschichte, ähnliche Lebensläufe berühmter Persönlichkeiten oder bemerkenswerte Begebenheiten aus Sport, Film oder Musik, die Ihnen ein Raster für Ihre Rede liefern können.

Grundsätzlich auflockernd und belebend wirkt Anschauungsmaterial. Seien es Fotos, die Sie zeigen können oder der wiedergefundene Lieblingsteddy, seien es die Babyschuhe des Jubilars. Für alle diese Dinge gilt: Sie müssen auch für den Zuhörer in der letzten Reihe noch gut erkennbar sein. Hervorragend geeignet sind natürlich Geschenke, die während der Rede überreicht werden, und ein besonderes „Bonbon" wäre ein Überraschungsgast, den Sie am Schluss Ihrer Ansprache sozusagen „aus dem Hut zaubern".

Abschreiben erlaubt

In diesem Buch finden Sie für die wichtigsten Feiern im Kreis der Familie Vorschläge für Reden, die Sie je nach Bedarf verändern, ausbauen oder kürzen können.

Die Reden sind meist so allgemein gehalten, dass Sie sie gut mit persönlichen Einschüben ergänzen können. In manchen Reden werden kleine persönliche Geschichten erzählt, die Sie so natürlich nicht übernehmen können. Sie dienen als Anregung für eigene Geschichten. Manchmal bietet es sich auch an, Teile verschiedener Reden zu verbinden, oder vielleicht nutzen Sie auch nur ein Zitat, das Sie wie einen roten Faden durch Ihren Vortrag laufen lassen.

Reden zur Geburt und zur Taufe

Rede des Vaters zur Geburt seines Kindes

Liebe Familie, liebe Freunde,

vor gut neun Monaten wussten weder (Name der Ehefrau) noch ich etwas von unserem Glück – heute jedoch hat es einen Namen: (Name des Neugeborenen).

(Hier können Sie Wissenswertes über den Kindsnamen einfügen und auch den Grund nennen, warum Sie ihn ausgesucht haben.)

Maria. Nomen est omen. Eine Kaiserin wie Maria Theresia wird sie wohl nicht werden, aber vielleicht eine große Operndiva wie Maria Callas? Wir haben uns für Maria entschieden, weil (Name der Ehefrau)s viel zu früh gestorbene Mutter Maria hieß.

Dieses kleine Wesen, das nun erst seit drei Wochen bei uns ist, hat in dieser kurzen Zeit unser Leben vollkommen verändert, und zwar auf eine Weise, wie ich es mir nie vorgestellt hätte. Ihr seht ja selbst, wie es ist: Alles dreht sich nur noch um unsere kleine Tochter. Ich bin schon froh, dass wir es geschafft haben, euch heute hier bei uns zu empfangen, damit ihr (Name des Kindes) ebenfalls bestaunen könnt.

Ich erinnere mich noch genau an den Augenblick als (Name der Ehefrau) mir ihre Vermutung mitteilte, dass sie schwanger sei.

(Hier können Sie Ihr persönliches Erlebnis einfügen, wie zum Beispiel:)

Es war der 6. Mai, kurz nach dem Abendbrot, also ca. 21 Uhr. Ich wusste zunächst gar nicht, was ich sagen sollte. So sehr ich mir auch ein Kind gewünscht hatte, so unheimlich war mir plötzlich der Gedanke, dass ich nun tatsächlich Vater werden sollte. Aber ihr wisst ja: Ohne schlagkräftige Beweise glaube ich erst einmal gar nichts.

Erst als meine Frau am folgenden Tag strahlend vom Frauenarzt zurückkam, war es für mich eine Tatsache, dass wir tatsächlich Eltern werden würden. Obwohl ich mich einerseits freute, wurde mir andererseits nun erst richtig mulmig. Mir schossen viele Gedanken durch den Kopf: War ich wirklich schon in der Lage, die Verantwortung für ein Kind zu übernehmen? Würde sich seine Ankunft nicht vielleicht negativ auf das Zusammenleben mit (Name der Ehefrau) auswirken? Bliebe mir überhaupt noch Zeit für meine Hobbys, wenn wir ein Kind hätten?

Das waren so die ersten Gedanken, die mir in den Sinn kamen. Allerdings vermischten sich diese recht negativen Überlegungen mit positiven Gefühlen: Wenn unser Kind erst einmal da wäre, könnte ich ihm so vieles zeigen und dabei die Welt selbst neu entdecken. Ich sah mich schon – ihr wisst, das „Kind im Manne" – Bauklötze auftürmen und Drachen steigen lassen. Außerdem gäbe es neben meiner Frau einen weiteren Grund, mich schon während der Arbeit auf mein Zuhause zu freuen. Und nicht nur das: Ich würde hautnah daran teilhaben dürfen, wie ein kleiner Mensch ganz allmählich größer wird. Außerdem blieben mir ja noch sieben Monate, um mich voll und ganz auf die veränderte Situation einstellen zu können.

Nun, diese sieben Monate vergingen fast wie im Flug – nur die letzten vier Wochen zogen sich ein bisschen hin. Wir waren in dieser Zeit ständig auf dem Sprung. Meine Frau lauschte in ihren Körper hinein, und immer, wenn ich irgendetwas Ungewöhnliches mitbekam, wollte ich am liebsten schon den Klinikkoffer greifen und mit ihr ins Krankenhaus fahren.

(Hier können Sie Ihr persönliches Erlebnis schildern wie beispielsweise:)

Als es dann schließlich wirklich losging, verlief alles doch ein wenig unspektakulärer als ich erwartet hatte – zumindest, was den zeitlichen Ablauf betraf. (Name der Ehefrau) rief mich in der Arbeit an und sagte mir, dass sie glaube, die Wehen hätten eingesetzt. Ich müsse aber noch nichts überstürzen, sie kämen noch in großen Abständen. Selbstverständlich machte ich mich dennoch sofort auf den Weg, um sie abzuholen und ins Krankenhaus zu bringen.

Und tatsächlich: Die Geburt zog sich hin — wir konnten anfangs sogar noch eine Weile im Park spazieren gehen. Dann durfte meine Frau ein ausgiebiges Bad nehmen. Doch in der Wanne hielt sie es nicht mehr lange aus, die Wehen wurden stärker. Endlich — denn jetzt war auch meine Hilfe gefragt. Nun konnte ich (Name der Ehefrau) helfen, indem ich sie anfeuerte, ihr den Rücken massierte oder einfach nur zeigte, dass ich da bin. Nach zwei äußerst anstrengenden Stunden war es dann so weit: Maria erblickte das Licht der Welt. Das war ein wunderbarer Moment — ich fühlte mich, wie vom Donner gerührt, völlig unfähig etwas zu sagen. Dieses Gefühl hielt auch noch an, als ich später nach Hause fuhr, um mich auszuruhen, weil auch (Name der Ehefrau) inzwischen schlief. Ich war einfach nur überwältigt.

Und das bin ich heute immer noch, wenn ich mir unsere kleine (Name des Kindes) ansehe. Selbst wenn sie die Nacht zum Tag macht und auch am Tag oft nicht zufriedenzustellen ist, möchte ich sie doch keine Stunde mehr missen. Ihr müsst doch auch alle zugeben, dass sie das schönste Kind auf der ganzen Welt ist — wehe, ihr tut das nicht! Doch lasst uns nun rasch auf unser Kind anstoßen, denn wenn es uns erst einmal wieder zeigt, wie stark seine Stimme schon ist, wird es mit Sicherheit wieder hektisch! Auf Klein-Maria!

Rede der Mutter
zur Geburt ihres ersten Kindes

Ihr Lieben!

Sicherlich wundert ihr euch, dass ich hier vor euch stehe und euch meine kleine Tochter vorstelle, denn konventionell wäre das ja eher die Aufgabe von (Name des Ehemannes). Aber er meinte, das könne ich besser und außerdem wäre ich objektiver. Wenn er seine kleine Tochter vorstellte, würde er gleich wieder in pathetisches Schwärmen geraten. Natürlich gäbe es im Bekanntenkreis Kinder, die ganz nett anzusehen und durchaus intelligent seien, aber einem Vergleich mit (Name des Kindes) könne niemand standhalten.

Schon während der Schwangerschaft sei ganz klar gewesen, dass hier ein überdurchschnittlich hübsches, lebhaftes und intelligentes Kind heranwüchse, etwas ganz Außergewöhnliches – natürlich! Und dass diese hervorragenden Erbanlagen ausschließlich vom Vater übertragen seien, stand ohne Diskussion schon früh unerschütterlich fest. Es war dann auch nicht verwunderlich, dass die Kleine ganz pünktlich zum Geburtstermin das Licht der Welt erblickte, weiß man doch, dass (Name des Ehemannes), ein Pünktlichkeitsfanatiker ist, der nichts so sehr hasst, als irgendwo oder irgendwann einmal zu spät zu kommen, ganz nach dem Motto: Wer zu spät kommt, den bestraft das Leben.

Überhaupt muss man sagen, dass der werdende Vater sich während der Schwangerschaft tapfer gehalten hat, alle Achtung.

(Hier können Sie Ihre persönlichen Erlebnisse einfügen wie beispielsweise:)

Es war aber auch für ihn eine schwere Zeit mit überdurchschnittlichen Belastungen. Nicht nur, dass er meine hin und wieder auftretenden Gefühlsschwankungen erdulden musste und es mit stoischer Gelassenheit tat, nein, er musste auch manchmal seine Beine in die Hand nehmen, um noch kurz vor Geschäftsschluss im Supermarkt ein Glas mit Gurken für mich zu holen. Im Ernst, auf mich traf das Klischee „Heißhunger auf saure Gurken" zu! So ist (Name des Ehemannes), ganz nebenbei gesagt, inzwischen selbst zum Saure-Gurken-Fan geworden.

Als wir dann zum Urlaub an die Nordsee aufbrachen, war er sehr besorgt, ob ich denn die lange Autofahrt auch überstehe, wobei ich mir nicht ganz sicher war, ob es ihm wirklich um mich oder nicht eher um den Nachwuchs ging. Auf Sylt angekommen, wurde ich dann auch gleich erst einmal ins Bett gesteckt, und (Name des Ehemannes) packte unter meinen Anweisungen die Koffer aus, was ihm einige Mühe machte und Stunden in Anspruch nahm. Die Zeit am Strand durfte ich vornehmlich im Standkorb verbringen, den er ständig, dem Sonnenlicht folgend, in andere Richtungen verrückte. Es war nicht einfach für mich, Zeit für ein kleines Nickerchen zu finden, das kann ich euch sagen. Ging es in die Nordseewellen, so war er stets an meiner Seite, mich ängstlich beäugend und ermahnend, nicht zu weit hinauszuschwimmen. Bis ich ihm doch einmal klarmachen musste, dass er sich wie eine übervorsichtige Glucke benahm und ich das Kind bekam, nicht er. Von da an ging es besser, und ich konnte mich wieder wie eine Erwachsene frei bewegen.

Ihr seht nun, liebe Gäste, der werdende und nun gewordene Vater hat eine harte Zeit hinter sich und ist noch etwas erholungsbedürftig. Und so glaube ich, können wir ihn verstehen, wenn er mich gebeten hat, diese Begrüßungsrede zu halten.

Aber Spaß beiseite: Ohne (Name des Ehemannes) und seine liebevolle Fürsorge hätte ich die Schwangerschaft nicht so gut überstanden. Er war mir wirklich eine wertvolle Hilfe – psychisch und physisch.

Seid also alle herzlich willkommen. Lasst uns das Glas heben und den ersten Schluck auf den stolzen Vater trinken, den zweiten auf den kleinen Erdenbürger, dass er wachsen und gedeihen möge, und den dritten auf uns alle, dass wir gesund und munter bleiben und bald wieder zu einem fröhlichen Fest zusammentreffen.

Rede der Mutter
zur Geburt ihres zweiten Kindes

Ihr Lieben,

schön, dass ihr heute zu uns gekommen seid, um mit uns die Ankunft von (Name) zu feiern. Ihr seid hoffentlich nicht böse, dass wir erst jetzt ein kleines Willkommensfest für (Name) abhalten, doch vorher wäre uns das alles zu anstrengend gewesen. Wir hatten mit unseren zwei Kindern, vor allem mit dem Neuankömmling, alle Hände voll zu tun. Aber unter euch sind ja viele, die ebenfalls Kinder haben und wissen, wie die ersten Wochen mit so einem kleinen Fratz verlaufen.

„Alles hört auf mein Kommando", das wären wahrscheinlich die ersten Worte, die ein Baby sagen würde, wenn es aus der Klinik nach Hause käme und bereits sprechen könnte. Allerdings kann man es einem solchen Winzling natürlich nicht zum Vorwurf machen, wenn er sich lautstark meldet. Schließlich kann er nur durch seine Stimme andere auf sich aufmerksam machen.

Unser kleiner Sohn ist allerdings besonders geschickt darin, seine Eltern herumzuscheuchen. Verglichen mit (Name), unserer Tochter, ist er geradezu ein kleiner Tyrann. Während unsere Tochter viel geschlafen hat, ist (Name) ein sehr lebhaftes Kind. Er hat es am liebsten, wenn um ihn herum viel passiert, am allerbesten jedoch gefällt es ihm, wenn er ständig herumgetragen wird. Gut, dass wir das Babytragetuch, das wir bei (Name der Tochter) kaum benutzt haben, noch besitzen. Nun leistet es uns gute Dienste.

Auch was das Trinken anbelangt, ist (Name) ein rechtes Früchtchen. Er nimmt sich immer sehr viel Zeit dafür. Dennoch scheint er sich nicht richtig satt zu trinken. Er findet es besser, eine halbe Stunde später noch einmal seine durchdringende Stimme zu erheben, um lautstark wieder Nahrung zu verlangen. Wer letztlich nachgibt und aufsteht und springt, könnt ihr euch sicher vorstellen: ich natürlich. Auch wenn (Name) unser zweites Kind ist – so ein Neugeborenes verunsichert doch noch: Hat es wirklich „nur" Hunger – oder plagt es etwas Anderes? Vielleicht meint ihr ja, dass wir schon jetzt etwas falsch machen, ihn vielleicht verwöhnen, wenn wir immer auf unseren kleinen Sohn eingehen. Aber unserer Tochter hat das auch nicht geschadet – ganz im Gegenteil. Sie ist ein richtig zufriedenes Kind geworden.

Apropos (Name der Tochter): Wir hatten ja zuerst die Befürchtung, dass sie auf (Name) eifersüchtig reagieren würde. Doch da haben wir uns gründlich in unserer Kleinen getäuscht. Sie war von Anfang; an begeistert von ihrem kleinen Brüderchen. Das Einzige, was sie im Moment noch stört: Man kann so wenig mit ihm anfangen. Er kann noch nicht mit Bauklötzen spielen, er schafft es noch nicht einmal, sein Stofftier festzuhalten, geschweige denn, dass man mit ihm so richtig schön toben könnte. Das ist ein bisschen enttäuschend für sie.

Aber dafür hat sie gemerkt, dass man mit (Name) wunderbar schmusen kann. Das tut sie ausgiebig, wenn ihr danach ist. Sie versucht ihn auch zu trösten, wenn er sich mal wieder richtig eingeschrien hat. Was sie jedoch nicht versteht: dass er nicht sofort mit dem Schreien aufhört, wenn sie ihn liebevoll umarmt. Naja, manchmal geht sie dabei wohl auch ein wenig ruppiger mit ihm um, als er es von uns gewöhnt ist. Doch was soll's: Wir sind sehr zufrieden, wie sich unsere Tochter mit ihrem kleinen Bruder versteht. Wir sind schon gespannt darauf, wie (Name) sich seiner Schwester gegenüber verhält, wenn er älter ist. Seinem bisherigen Naturell würde es entsprechen, wenn er ständig versuchen würde, sich gegen seine Schwester aufzulehnen und durchzusetzen. Doch vielleicht täuschen wir uns da auch – wir wollen es hoffen.

Nun lasst uns einen Schluck auf unseren kleinen Sonnenschein trinken – so anstrengend er auch sein mag, missen möchten wir ihn keine Minute. Auf das Wohl von (Name)!

Wie lange darf Ihre Rede dauern?
Eine Festrede überschreitet selten fünf Minuten.
Prüfen Sie die Länge Ihrer Rede, indem Sie den Text laut lesen und dabei die Zeit mit einer Uhr messen. Auch erfahrene Redner machen diesen Test, um die Dauer Ihrer Redezeit einschätzen zu können.

Rede des Großvaters zur Geburt seines Enkels

Liebe (Namen der Eltern des Kindes), liebe Gäste,

ihr kennt sicher alle das alte Sprichwort „Vater werden ist nicht schwer, Vater sein dagegen sehr". Ich will dieses Sprichwort ein wenig verändern, denn auch Großvater zu werden ist nicht besonders schwer. Ob es dagegen schwer sein wird, Großvater zu sein, wird sich jetzt erst herausstellen. Ich danke euch, liebe (Namen der Eltern), jedenfalls dafür, dass ihr mich endlich zum Opa gemacht habt.

Als wir hörten, dass sich bei euch Familienzuwachs ankündigt, haben wir uns riesig gefreut. Endlich würde wieder ein wenig Leben in unsere Familie kommen – schließlich handelt es sich bei (Name) um das erste Enkelkind für (Name der Großmutter) und mich. Allerdings waren wir während der gesamten Schwangerschaft auch ein wenig besorgt: Würde sie gut verlaufen, würde bei der Geburt alles gut gehen und das Kind gesund sein? Deshalb fieberten wir dem Ende der Schwangerschaft schon seit geraumer Zeit entgegen. Als es dann endlich so weit war und (Name) glücklich das Licht der Welt erblickt hatte, fiel uns ein riesiger Stein vom Herzen. An dem Kind war glücklicherweise alles dran und noch dazu war es quietschvergnügt. Was für ein süßes Kerlchen! Ich war fast so stolz, als ob ich der Vater wäre.

(Name) ist aber auch wirklich ein wunderbares Kind – selbst, wenn mir seine Eltern da nicht immer zustimmen werden, jedenfalls nicht, wenn er laut weint oder schreit. Doch die Großeltern sehen ihre Enkel immer in einem anderen Licht als die Eltern ihre Kinder. Wir sind – glaube ich – etwas gelassener als die Eltern. Wahrscheinlich, weil wir bereits Kinder groß gezogen haben und mit ihnen so einiges erlebt und mitgemacht haben. Und wie ich meinen kleinen Enkel bisher kennengelernt habe, gehört er eigentlich eher zu den zufriedenen Babys. Da warst du, mein lieber Sohn, schon ein anderes Kaliber. Dich konnte man getrost als „Schreihals" bezeichnen. Leider kann ich dir das nicht mehr beweisen, denn wir hatten zu deiner Babyzeit noch kein Gerät, mit dem wir dich und dein Gebrüll hätten aufzeichnen können. Nimm es deshalb gelassen hin, wenn euer kleiner Schatz hin und wieder einmal seine

Stimme erhebt. Und hab etwas Geduld mit eurem kleinen (Name) – du wirst sehen, nach kurzer Zeit hast du dich an alle seine Eigenheiten gewöhnt und er sich an euch!

Deine Mutter und ich werden euch beide so gut wie möglich unterstützen, wenn ihr unsere Hilfe benötigt. Natürlich werden wir uns nicht in eure Erziehung einmischen – zumindest versprechen wir das jetzt. Aber wir werden euch immer gern Hilfestellung leisten, wenn ihr einmal nicht mehr weiter wisst. Auch wenn ihr den kleinen Kerl hin und wieder einmal für einige Stunden loswerden wollt, wisst ihr, an wen ihr euch wenden könnt. Denn uns wird es bestimmt große Freude machen, endlich einmal wieder mit einem solchen Knirps herumtollen zu können, auch wenn wir nicht mehr ganz so gelenkig sind wie ihr. Doch durch Kinder und vor allem durch Enkel gewinnt man etwas von seiner Jugendlichkeit zurück. Die Fröhlichkeit und Unbekümmertheit von Kindern scheint auf die Erwachsenen zumindest teilweise abzufärben. Dazu ein Zitat von Jean-Paul Sartre:

„Kinder sind der Natur noch ganz nahe, sie sind die Vettern von Wind und Meer: Aus ihrem Stammeln kann einer, der es versteht, weise und vage Lehren entnehmen."

So, jetzt wollen wir aber auf unseren kleinen Enkel erst einmal anstoßen. Auf dass er weiterhin so vergnügt ist wie heute!

Rede des Vaters zur Taufe seines Kindes

Liebe Familie, liebe Freunde,

das war ein aufregender Morgen, findet ihr nicht auch? So eine Taufe, das ist schon etwas ganz Besonderes, vor allem, weil man vorher nicht weiß, wie der Täufling reagieren wird: Bleibt er schön ruhig, oder wird er die Besucher des Gottesdienstes mit lautem Krähen und Weinen „erfreuen"? Jetzt, wo die Taufe hinter uns liegt, können wir, die Eltern von (Name), uns wieder entspannen. Für alle, die heute Morgen nicht dabei waren, hier ein Kurzbericht:

(Hier können Sie Ihr persönliches Erlebnis berichten wie zum Beispiel:)

Glücklicherweise trafen wir mit einem schlafenden Täufling in der Kirche ein, der nicht wusste, dass er die Hauptperson des Morgens werden würde. Anscheinend haben (Name) auch die Lieder gefallen, die während seines Taufgottesdienstes gesungen wurden, denn aufgewacht ist unser Täufling auch dann noch nicht, als die Orgel zu spielen begann.

Erst als wir in Richtung Taufbecken gingen, schlug unser Kleiner urplötzlich die Augen auf. Die ungewohnte Umgebung, in der er aufwachte, schien ihm nicht zu behagen. Kein Wunder, waren doch weder ein über dem Bett hängendes Mobile zu sehen noch bunte Wände. Stattdessen blickte er in einen Raum, der ihm völlig unbekannt war.

Außerdem begegnete er einem Mann, den er zuvor noch nie gesehen hatte. So etwas muss einem ja Angst machen!

Jedenfalls ließ er daraufhin ein lautstarkes Protestgeschrei hören. Wir, seine Eltern und seine Paten, konnten ihn weder durch Hinundherwiegen noch durch liebevolle Streicheleinheiten beruhigen. Aber der Pfarrer schien solche Szenen gewöhnt zu sein – wahrscheinlich spielen sie sich in nahezu jedem Taufgottesdienst ab. Er ließ sich durch das Protestgeschrei von (Name) nicht aus der Ruhe bringen, sondern führte einfach die Taufzeremonie fort.

Als unser kleiner Täufling dann über das Taufbecken gehalten wurde und kaltes Wasser an seine Stirn kam, war es mit der Ruhe in der Kirche jedoch vollends vorbei. Schließlich badet (Name) schon zu Hause nicht besonders gern. Jedenfalls setzte er zu einem ohrenbetäubenden Geschrei an. Wahrscheinlich hat er auch an seinen Eltern gezweifelt. Er muss sich etwa Folgendes gedacht haben: „Wie könnt ihr es zulassen, dass mich ein Fremder so erschreckt!" Solche Gedanken finde ich jedenfalls vollkommen verständlich. Schließlich sind wir sonst immer darauf bedacht, (Name) vor allen möglichen Gefahren zu schützen. Und nun das!

Jedenfalls ließ sich unser kleiner Täufling bis zum Ende des Gottesdienstes nicht mehr beruhigen. Glücklicherweise dauerte es nicht mehr allzu lange, bis die Zeremonie zu Ende ging – die Taufe war ja der Höhepunkt des Gottesdienstes gewesen. Und wie man weiß, ist jede Veranstaltung bald nach dem Höhepunkt beendet.

Nun sitzen wir alle hier, um die Taufe von (Name) noch ein bisschen zu feiern. Die Hauptperson des Tages liegt allerdings erschöpft in seinem Kinderwagen und schläft. Das ist vielleicht auch ganz gut so, denn so haben wir ein wenig Zeit, um uns in Ruhe miteinander zu unterhalten und Neuigkeiten auszutauschen − wenn es wahrscheinlich auch nur die Ruhe vor dem nächsten Sturm ist und (Name) sich wieder lautstark meldet, weil er mitfeiern will.

Lasst uns noch einmal darauf anstoßen, dass (Name) heute in die christliche Gemeinschaft aufgenommen wurde. Unser besonderer Dank gilt selbstverständlich den Paten, die sich dazu bereit erklärt haben, uns bei der Erziehung von (Name) beiseite zu stehen. Deshalb lasst uns nun auf unseren Täufling und seine Paten trinken. Zum Wohl!

Rede des Paten/der Patin zur Taufe I

Lieber kleiner (Name des Täuflings),

heute war ein ganz besonderer Tag, für dich: Du bist getauft worden. Auch wenn du dich in späteren Jahren bestimmt nicht an diesen Tag, und schon gar nicht an meine Worte erinnern wirst, möchte ich dir, deinen Eltern und natürlich den anderen Gästen ein paar Gedanken mitteilen, die mir anlässlich deiner Taufe durch den Kopf gingen.

Als ich hörte, dass ich dein Taufpate sein soll, habe ich mich selbstverständlich sehr gefreut. Schließlich haben deine Eltern mir dadurch zu verstehen gegeben, dass sie großes Vertrauen in mich setzen. Sie trauen mir zu, dass ich in der Lage bin, an deiner christlichen Erziehung mitzuwirken und mich um dich zu kümmern, falls einmal Not am Mann sein sollte. Das freut mich sehr.

Kleiner (Name des Täuflings), du liegst im Moment in den Armen deiner Mutter und ruhst dich von den Strapazen des heutigen Tages aus. Das hast du dir auch wirklich verdient. Angesichts der Tatsache, dass im Verlauf deines Lebens sicher noch weitere und größere Anstrengungen auf dich zukommen werden, solltest du dir jetzt, wo du es noch kannst, so viel Ruhe wie möglich gönnen und die Geborgenheit, die du in den Armen deiner Eltern findest, genießen.

Du sollst jedoch wissen, dass du nicht nur bei deinen Eltern Hilfe findest, wenn du sie benötigst, sondern dich unbesorgt auch an mich und meinen Mitpaten wenden kannst. Wir werden alles in unserer Macht Stehende tun, um dich zu unterstützen und dir Steine aus dem Weg zu räumen. Manchmal wirst du jedoch leider auch feststellen müssen, dass nur du dir selbst helfen kannst. So ist das Leben nun einmal. Sei versichert, dass du dennoch immer zu uns kommen kannst, wenn es dir nicht so gut geht –

was natürlich nicht heißen soll, dass wir uns nicht sehen sollen, wenn es dir prächtig geht. Wir werden versuchen, unseren Teil dazu beizutragen, dass du eine schöne Kindheit erlebst.

Natürlich werden wir für dich, kleiner (Name des Täuflings), auch immer kleine Geschenke haben. Das gehört sich so für Paten. Allerdings hoffen wir, dass es nicht nur die Geschenke sein werden, die uns zu deinen Freunden machen – wichtiger ist es uns, mit dir zu spielen, mit dir herumzutollen und dir ein wenig von der Welt zu zeigen. Den ersten Zirkusbesuch jedenfalls unternimmst du mit uns, das steht jetzt schon fest. Hoffentlich machst du mit. Wir werden es sehen.

Was uns noch wichtig ist: ein positives Verhältnis zu deinen Eltern. Zwar spricht allein die Tatsache, dass sie uns als Paten ausgewählt haben, dafür, dass sie uns vertrauen und wir uns gut verstehen, doch ändert sich so etwas leider manchmal. Glücklicherweise kennen wir uns jedoch schon sehr lange, sodass auch kleine Differenzen unserer Freundschaft nichts mehr anhaben werden. Naja, und allzu sehr in deine Erziehung, (Name des Täuflings), wollen wir uns nicht einmischen, sodass es über diesen Punkt wohl auch nicht zu Diskussionen zwischen deinen Eltern und uns kommen wird. Babysitter werden wir allerdings liebend gern spielen, sofern du und deine Eltern mitmachen.

Aber wir werden das Kind schon schaukeln. Und das ist jetzt, solange du noch in der Wiege liegst, sogar wörtlich gemeint.

So, mein kleines Patenkind, ehe du ganz einschläfst und mit dir die Taufgesellschaft, werde ich meine Rede wohl besser beenden – allerdings nicht, ohne dir und deinen Eltern noch einmal mitzuteilen, wie sehr ich mich darüber freue, nun ein Patenkind zu haben und somit praktisch mit euch verwandt zu sein. Lasst uns darauf anstoßen, dass dir, (Name des Täuflings), ein langes schönes Leben bevorsteht und wir immer ein gutes Verhältnis zueinander haben werden!

Hinweis für die Leser

Nicht jede Rede dieses Buches kann auf alle Bedürfnisse zugeschnitten sein. Dafür sind Teile dieser Reden austauschbar. Wenn Sie also auf Anhieb nicht die passende Rede für sich finden, schauen Sie auch bei den anderen Festreden nach, ob Sie hieraus etwas verwenden können. Sicher wird Ihnen dann zumindest eine Idee für die Gestaltung Ihres Vortrags kommen.

Rede des Paten/der Patin zur Taufe II

Liebe/r (Name),

noch kannst du nicht verstehen, was ich dir sagen möchte, noch weißt du nicht, wer ich bin und was dieser Tag für uns beide bedeutet. Ich werde es dir später erzählen, denn es ist wichtig.

Seit heute bin ich dein/e Pate/Patin und damit auch ganz offiziell ein wenig verantwortlich für dich. Keine Angst, liebe (Name der Kindsmutter) und (Name des Kindsvaters), ich werde mich nicht in die Erziehung einmischen, aber ich werde es mir zur Aufgabe machen, Klein-(Name) auf ihrem Lebensweg zu begleiten.

Darauf freue ich mich schon sehr. Vorsorglich habe ich mich bereits bei meiner Mutter erkundigt, worauf es beim Babysitten ankommt. Nun ja, das mit dem Windelnwechseln wird mir (Name der Kindsmutter) direkt an (Name des Kindes) zeigen müssen. Auch die Sache mit dem Fläschchen scheint gar nicht so einfach zu sein. Ich hätte nicht geglaubt, was man da alles falsch machen kann. Meine große Stunde schlägt dafür etwas später – dann nämlich, wenn es ans Einschlafen geht. Im Geschichten-Erzählen und gefühlvollen Wiegen bin ich richtig gut – sozusagen vollkommen einschläfernd.

Ich glaube, Geschichten werden (Name des Täuflings) und mich sehr lange beschäftigen. Erst werde ich ihr/ihm welche erzählen und später dann wird es umgekehrt sein. Ich hoffe, dass (Name des Täuflings) so viel Vertrauen zu mir entwickelt, dass sie/er auch mit Kümmernissen und Sorgen zu mir kommt. Nicht als Ersatz für die Eltern, sondern als Ergänzung und Unterstützung.

Liebe (Name der Kindsmutter) und lieber (Name des Kindsvaters), als ihr mich gefragt habt, ob ich (Name des Kindes)s Pate/Patin werden möchte, habe ich ohne zu zögern sofort zugestimmt. Ich empfinde es als große Anerkennung und Ehre, diese Patenschaft zu übernehmen und ein Stück Mitverantwortung für den weiteren Lebensweg von (Name des Täuflings) zu tragen. Auch mein Leben hat sich seit der Geburt von (Name des Täuflings) ein wenig verändert.

Erhebt nun mit mir die Gläser, und lasst uns anstoßen auf (Name des Täuflings): Vivat, crescat, floreat, (Name des Täuflings) möge leben, wachsen und gedeihen!

Irischer Segenswunsch zur Taufe

Gott, der Herr, sei über dir und segne dich.
Gott, der Herr, sei vor dir und leite dich.
Gott, der Herr, sei neben dir und halte dich.
Er sei dir Sonne und Schild,
dass deine Füße feste Schritte tun.

Glückwunschgedicht zur Taufe

Wir wünschen euch und eurem Kinde
an Glück, so viel das Herz nur fasst.
Und ein Willkommensangebinde
sei Gruß dem neuen Erdengast.
Er soll ein braver Junge werden
und euch zur Freude gut gedeih'n.
Ihm leuchte im Gestrüpp der Erden
des Lebens schönster Sonnenschein.
Euch Eltern aber sei beschieden,
was ihr nur wünscht für euch und ihn.
Im kleinen Heim soll Lust und Frieden
bestehen als des Daseins Sinn!

Christian Friedrich Hebbel

Reden zu Kommunion, Konfirmation und Firmung

Rede eines Verwandten zur Erstkommunion

Liebe/r (Name des Kommunionkindes)! Liebe Familie!

Es freut mich sehr, dass wir heute alle hier beisammensitzen, um gemeinsam mit dir, liebe/r (Name des Kommunionkindes), deine Erstkommunion zu feiern.

Klar, wir haben schon immer gern gefeiert – aber die Erstkommunion ist für dich, liebe/r (Name des Kommunionkindes), doch ein Höhepunkt, auf den du dich schon seit Monaten vorbereitet hast und der dir sicherlich noch ein paar Jahre in frischer Erinnerung bleiben wird. Damit diese Erinnerung auch besonders angenehm wird, haben wir uns alle hier versammelt und feiern mit dir.

Wir Erwachsenen haben uns in den letzten Wochen und Monaten natürlich oft darüber unterhalten, ob dieses Fest der Erstkommunion heute noch zeitgemäß ist.

In dieser ach, so aufgeklärten modernen Welt könnte einem der tiefere Sinn dieses Festes schon abhandenkommen. Ist es vielleicht doch nur eine alte Tradition, die man aus Gewohnheit auch weiterhin pflegt? Oder ist es für die heutigen Kinder sogar nur noch eine willkommene Gelegenheit, endlich einmal so richtig „groß" beschenkt zu werden?

Sicherlich, das ist auch ein Grund, warum du dich heute freust, liebe/r (Name des Kommunionkindes). Das wollen wir gar nicht verschweigen und das ist auch recht so. Wer würde sich nicht freuen über Geschenke?

Doch in den letzten Wochen und Monaten hast du sicherlich auch viel darüber erfahren, was diese Erstkommunion in deinem Leben und im christlichen Glauben bedeutet. Und ich konnte beobachten, dass du schon voller Vorfreude darüber warst, nun endlich „richtig" dazuzugehören und an der Kommunion in der Messe teilnehmen zu dürfen, so wie die älteren Kinder und die Erwachsenen.

Was nun bedeutet diese Kommunion? Das Wort stammt aus dem Lateinischen und heißt schlicht „Gemeinschaft" oder auch „Versammlung".

In diesem Sinne verstehen wir Katholiken auch die Kommunion: Es ist die Tradition des gemeinsamen Abendmahles der Jünger Jesu, die sich vor etwa 2000 Jahren versammelt hatten, um Brot und Wein zu teilen.

Schon der erste Korintherbrief im Neuen Testament zeigt uns, was dieses gemeinsame Mahl für uns bedeutet. Denn da steht:

„Ist der Kelch, über den wir den Segen sprechen, nicht Teilhabe am Blut Christi? Ist das Brot, das wir brechen, nicht Teilhabe am Leib Christi?"

Und so war der Segen über den Weinkelch und das Brechen des Brotes schon bei den frühen Christen der Kern ihrer Versammlungen, ja sogar der eigentliche Zweck der Zusammenkunft.

Auch heute noch verbinden wir damit eine besondere Bedeutung. Das zeigt uns auch das Fest, mit dem wir die Erstkommunion begehen: Es ist nicht nur für die Kinder ein großes Ereignis. Es bedeutet für alle Gläubigen in unserer Gemeinde, dass sich auch die Kinder bewusst für ihren Glauben entschieden haben und darum an der gemeinsamen Kommunion teilnehmen möchten.

Die Kirchengemeinde erhält Nachwuchs und das ist gut so. Hier ist es wie in allen anderen gesellschaftlichen Bereichen auch. Um es einmal salopp auszudrücken: Kinder und Jugendliche sind hellwach, bringen „Schwung in den Laden".

Du bist also heute zu einem aktiven Anhänger des katholischen Glaubens geworden. So wie es der Apostel Jakobus schrieb:

„Auch der Glaube ist für sich allein tot, wenn er nicht Werke vorzuweisen hat."

Das bedeutet, dass man als Christ auch einiges tun soll, zum Beispiel Anderen, denen es schlecht geht, die arm oder krank sind, zu helfen. Wie ich höre, hilfst du zum Beispiel manchmal deiner kranken Oma im Haushalt oder deiner Schwester bei den Schulaufgaben. Genau das ist damit gemeint.

Sicherlich kannst du heute die letzte Bedeutung dieses Festes und der Kommunion noch nicht in seiner ganzen Tiefe begreifen. Erst später wirst du erkennen, wie wichtig dieser erste Höhepunkt für deinen Glauben ist. Aber eines solltest du schon heute wissen: Es hängt nur von dir allein ab, wie du deinen Glauben gestaltest und wie viel er dir gibt.

Zum heutigen Tage wünsche ich dir jedenfalls den Segen Gottes auf allen deinen Wegen. Möge dir der Glaube immer ein Anker in den Stürmen des Lebens sein!

Rede des Paten zur Konfirmation

Liebe Familie, liebe Gäste!

Mein/e liebe/r (Name des Konfirmanden/der Konfirmandin)!

Als ich heute deine Konfirmation mitverfolgte, erinnerte ich mich an ein ähnlich feierliches Familienfest, bei dem du ebenfalls die wichtigste Person warst: deine Taufe. Und ich wurde damals dein Pate. Darum möchte ich dir heute zu deiner Konfirmation mit dieser Rede meine besten Wünsche aussprechen. Denn die Konfirmation ist eigentlich nichts anderes als die Fortsetzung der Taufe.

Mit der Taufe wird ein Kind in die christliche Glaubensgemeinschaft aufgenommen. Die Taufe ist, um es einmal modern auszudrücken, die Eintrittskarte in die christliche Religion.

Bei der Taufe, liebe/r (Name des Konfirmanden/der Konfirmandin), konntest du dich noch nicht selbst zum Glauben bekennen. So ein kleiner Säugling findet es höchstens etwas merkwürdig, wenn ihm da plötzlich die Stirn nass gemacht wird, und alle rund um ihn herum freuen sich auch noch darüber.

Damals sprach ich als dein Taufpate das Glaubensbekenntnis für dich, damit du in die Gemeinschaft aufgenommen wirst. Ein Baby kann noch kein Bekenntnis zum Glauben ablegen, kann noch nicht einmal nicken. Diese Aufgabe übernahmen stellvertretend für dich deine Eltern und dein Pate, vorläufig jedenfalls.

Dieses vorläufige Bekenntnis hat heute ausgedient. Denn nun bist du alt und vernünftig genug, um dich selbst zu äußern. Mit der Konfirmation soll das junge Mitglied der evangelischen Gemeinde die Gelegenheit bekommen, sich selbst zum Glauben zu bekennen, diesen Eintritt in die Religion selbst zu bestätigen.

Konfirmiert, das heißt in der eigentlichen Bedeutung des Wortes „Befestigung" oder auch „Bestärkung". Mit der Konfirmation soll der Glaube befestigt und gestärkt werden.

Dies geschah, indem du selbst ein Glaubensbekenntnis geleistet hast. So ist auch deine heutige Konfirmation eine Art Eintrittskarte, diesmal aber nicht nur in die Glaubensgemeinschaft. Die Konfirmation findet ja an der Schwelle vom Kindes- bzw. Jugendalter zum Erwachsenenalter statt. Und so bedeutet sie auch Aufnahme in die Erwachsenenwelt.

Schon allein die äußeren Umstände der Konfirmation zeigen, dass es sich um ein bedeutendes Ereignis für einen jungen Menschen handelt. Du hast eine ganze Zeit lang den Konfirmanden-Unterricht genossen. Nun ja, vielleicht war das manchmal gar kein so großer Genuss, vielleicht hättest du Angenehmeres vorgehabt. Oder sicher dachtest du manchmal, es gibt Wichtigeres, die Schule zum Beispiel oder die Freunde.

Ich muss gestehen, dieser Einwand ist nicht ganz unberechtigt. Aber für deinen Glauben und deinen Lebensweg sollte dir die Konfirmation schon ein bisschen Arbeit wert sein und am besten auch an erster Stelle stehen.

Wie dem auch sei: Mit dem heutigen Tag ist die Schwelle überschritten. Auch der Konfirmanden-Unterricht ist geschafft und hat dir, wie ich hoffe, einige neue Erkenntnisse und neue Eindrücke mitgegeben.

Natürlich wird es noch ein paar Jährchen dauern, denn es gibt noch eine ganz ansehnliche Wegstrecke zu bewältigen, bis du endgültig erwachsen bist. Immerhin haben wir dich nun auf den Weg geschickt und hoffentlich dir mit deiner Konfirmation auch die notwendige Stärke mitgegeben.

So wünsche ich dir nun zum Abschluss für diesen Weg alles Gute.

Liebe Gäste, lasst uns darauf anstoßen!

Der gelungene Start

Wenn Sie Ihre Rede halten möchten, erheben Sie sich von Ihrem Platz und warten Sie einen kurzen Moment, bis sich das Gemurmel der Gäste ein wenig gelegt hat. Vermeiden Sie es, an Ihr Glas zu klopfen. Die Gläser werden in der Regel erst am Ende der Rede gehoben, um auf den Jubilar oder den festlichen Anlass anzustoßen.

Rede des Paten zur Firmung

Liebe/r (Name des Firmlings)!

Wir feiern heute in kleiner Runde deine Firmung. Dies ist in gewisser Weise auch mein Fest, denn die Firmung konzentriert sich auf uns beide, dich als Firmling und mich als deinen Paten. Das ist der Grund, warum wir uns heute in so einer kleinen, vertrauten Runde wiederfinden, die nicht viel Offizielles an sich hat. Dennoch möchte ich den Tag nicht vergehen lassen, ohne dir eine kleine Ansprache zu widmen.

Das erste große Fest für dich war die Taufe. Da hat dich die kirchliche Gemeinde als neuen Erdenbürger begrüßt und in die katholische Glaubensgemeinschaft aufgenommen. Von der Taufe weißt du natürlich nichts mehr. Da konntest du noch nicht mitfeiern und hast eigentlich auch gar nichts davon mitbekommen. Ganz im Vertrauen: Ich glaube nicht einmal, dass die Taufe einem so kleinen Kind gefällt. Rundherum Trubel und Aufregung, laute Orgelmusik und zu allem Überdruss auch noch das kalte Wasser aus dem Taufbecken auf der Stirn.

Ganz anders dagegen die Erstkommunion. Sie ist der erste bewusst erlebte Höhepunkt im Leben eines Kindes – zumindest in seinem kirchlichen Leben. Aufregung gibt es zwar auch, doch diesmal ist es freudige Aufregung. Die Vorfreude, einmal so richtig im Mittelpunkt zu stehen mitsamt den Freunden.

Und nun, ein paar Jahre später, kommt das dritte große Fest, das dritte wichtige Sakrament für die jungen Menschen, die dem katholischen Glauben angehören. Diesmal ganz im Stillen, kaum Trubel und keine so große Vorbereitung wie zur Erstkommunion.

Sicherlich, das Fest ist bei Weitem nicht so aufregend wie die Kommunion, dafür aber, wie ich meine, viel bedeutender für dich. Ich glaube, das spürst du selbst nicht anders. Die Firmung ist entscheidend für die Entwicklung deines Glaubens. Ein Sprichwort sagt:

Wo Glaube, da Liebe;
Wo Liebe, da Friede;
Wo Friede, da Gott;
Wo Gott, keine Not.

Mit der Firmung sollst du im Glauben gefestigt werden. Das sagt uns schon das Wort „Firmung": Man ist in etwas „firm", also sicher. So heißt es bereits in der Umgangssprache. Wenn du für ein Fach in der Schule lernst, kannst du dadurch ebenfalls „firm" werden, sodass du jede Prüfung in diesem Fach bestehst.

Mit dem Sakrament der Firmung in der Kirche ist das ähnlich: Du sollst deines Glaubens sicher sein und die Prüfungen des Lebens damit besser bestehen können.

Doch die Firmung hat neben der religiösen Bedeutung noch einen weiteren Sinn: Wir feiern, dass du selbstständiger und selbstverantwortlicher, dass du langsam erwachsen wirst. An diesen Punkt des Lebenskreislaufs hat die Kirche etwas so Bedeutendes wie ein bewusstes Glaubensbekenntnis gesetzt.

Dieses Glaubensbekenntnis hast du mit der Firmung abgegeben. Und so wie ein Lernender einen Mentor zugeteilt bekommt, der ihn leitet und führt, so ist auch für das Sakrament der Firmung ein Mentor vorgesehen, der Firmpate.

Dieser soll sich besonders um den Firmling kümmern, ihn auf seinem Weg ins Erwachsenenleben anleiten und begleiten.

Diese Aufgabe habe ich als dein Firmpate gerne übernommen. Du kannst jederzeit mit deinen Anliegen zu mir kommen. Gleichzeitig aber wünsche ich dir zum heutigen Tage, dass du nicht allzu oft große Hilfe brauchst, sondern dein Weg ins Erwachsenenleben ohne tückische Fußangeln angelegt ist.

Und wenn's dann doch einmal eng für dich wird, so stehe ich ein und will so gut wie möglich dem Amt deines Firmpaten gerecht werden. Dein Glaube möge dir dann den richtigen Weg weisen.

Lasst uns nun anstoßen auf diesen Tag, der dich in eine neue Lebensphase leitet!

Reden zur Volljährigkeit

Rede des Vaters zur Volljährigkeit

Mein/e liebe/r (Name)!

Heute bist du also 18 geworden. Das ist ein besonderer Tag und deshalb möchte ich dir auch in besonderer Weise gratulieren und eine Rede auf dich halten.

Zunächst also: Herzlichen Glückwunsch – und hoch sollst du leben! Dein Achtzehnter ist auch für uns, deine Eltern, von großer Bedeutung. Denn nun trittst du ein ins eigenverantwortliche Leben, in dem es keine „Erziehungsberechtigten" mehr gibt, in dem es aber auch niemanden mehr gibt, der für dich die Kastanien aus dem Feuer holt.

Ab heute bist du auch vor dem Gesetz volljährig und eigenverantwortlich. Das bedeutet, du hast neue Rechte, aber auch neue Pflichten, nur du allein stehst ein für dein Leben. Bis jetzt konntest du dich noch auf deine Eltern berufen, wenn's mal brenzlig wurde. Dies ist von nun an vorbei.

Darüber bist du vermutlich ziemlich froh. Du kannst jetzt alle Freiheiten dieser Welt genießen – und das ist auch gut so. Dass so eine Freiheit manchmal auch unliebsame Konsequenzen hat, wirst du vermutlich noch früh genug selbst erfahren. Nicht von ungefähr schreibt George Bernard Shaw:

„Freiheit bedeutet Verantwortlichkeit. Das ist der Grund, weshalb die meisten Menschen sich vor ihr fürchten."

Dass deine Freiheit nicht grenzenlos ist, fängt schon damit an, dass du noch bei uns wohnst. Und da kann keiner von uns immer das tun, was ihm beziehungsweise ihr gerade gefällt. Auch die Volljährigkeit wird daran nichts ändern. Immer dann, wenn wir mit anderen zusammenleben, können wir nicht einfach tun und lassen, was wir gerade möchten. Die anderen verlangen auch ihre Freiräume.

Beim Zusammenleben mit anderen Menschen muss man eben immer Zugeständnisse machen. Das sind schon ganz beachtliche Schranken für deine neu gewonnene Freiheit. Auf der anderen Seite gebe ich zu: Ich muss mir vor Augen führen, dass du ab heute doch einige Freiheiten hast, die ich dir bisher nicht zugestehen wollte.

Ich werde mich von nun an zum Beispiel hüten, dir eine Zeit vorzuschreiben, wann du abends zu Hause sein sollst. Mal ganz abgesehen davon, dass entsprechende Vorschriften auch bisher nicht sehr fruchteten. Zumindest aber wird es darüber keinen Disput mehr geben.

Jetzt kannst du natürlich fragen, warum sich das von heute auf morgen ändern soll. Die Veränderung mit dem heutigen Tag liegt darin, dass du nun selbst verantwortlich bist für dich. Bisher waren wir als Eltern verantwortlich. Nun aber bestimmst du selbst, was gut und schlecht ist für dich. Und du musst dies auch vertreten können.

Mir als Vater ist das eigentlich ganz recht. Die Verantwortung ist mir genommen – zumindest offiziell. Nun kann ich mich auf das konzentrieren, was im Verhältnis zwischen Kindern und Eltern eine viel größere Rolle spielen sollte: das freundschaftliche Verhältnis. Damit kann ich dir von nun an ganz unbelastet von aller Autorität als Berater zur Seite stehen.

Diese Rolle gefällt mir viel besser als der belehrende Erzieher. Es würde mich freuen, wenn du meine neue Rolle auch in Anspruch nehmen würdest. Ich wäre gern dein Ansprechpartner, von dem du Hilfe erwarten kannst, falls du selbst mit deiner Weisheit am Ende bist.

Wir haben auch bisher schon ein gutes Verhältnis zueinander gehabt. Daran wird sich künftig hoffentlich nichts ändern, und ich kann beruhigt in die Zukunft blicken.

Beruhigt bin ich auch, weil ich mir sage: So viel können wir Eltern gar nicht falsch gemacht haben an deiner Erziehung. Sonst könnten wir heute kein so harmonisches Fest zusammen feiern.

Lass mich dir also beim Eintritt in die Volljährigkeit alles Glück dieser Erde wünschen und dir meinen väterlichen Segen mit auf den Weg geben. Lasst uns anstoßen auf deine Zukunft!

Rede der Mutter zur Volljährigkeit

(Für eine Rede zur Volljährigkeit können Sie als Motiv ein persönliches Erlebnis mit Ihrem Kind wählen. Die ersten Versuche, flügge zu werden, starten die meisten Jugendlichen ein paar Jahre vorher. Die Diskussion um eine erste Reise ohne Eltern werden wohl alle Erziehungsberechtigten kennen und auch die Sorge um das Wohl des Kindes auf seinem Weg zur Selbstständigkeit.)

Liebe/r (Name), liebe Gäste,

Der 18. Geburtstag ist etwas ganz Besonderes! Offiziell wird heute endgültig ein Schlusspunkt unter deine Kindheit gesetzt, du bist volljährig geworden. Drei Jahre früher, als das bei uns der Fall war – damals wurde man erst mit 21 volljährig – und drei Jahre später, als du es selbst eingeschätzt hast. Du erinnerst dich an unsere Auseinandersetzung, als du mit 15 Jahren ganz allein nach Amsterdam fahren wolltest und uns erklärtest, du könntest machen, was du willst, du seist schließlich erwachsen. Anlass war, dass du seit einiger Zeit von bestimmten Leuten gesiezt wurdest.

Tja, jetzt bist du tatsächlich offiziell erwachsen, jetzt kannst du Reisepläne schmieden, so viel du willst, ohne dass wir dir etwas verbieten können. Aber – was musste ich neulich hören? Du hast mich nach meiner Meinung gefragt, ob du mit deiner Freundin in den Sommerferien eher nach Kreta oder nach Sizilien fahren sollst. So ändern sich die Zeiten.

Du bist zwar jetzt 18, aber deine Eltern sind wir immer noch und werden es lebenslang bleiben. Wir versprechen jedoch, uns zusammenzureißen, dich nicht zu bevormunden, dir nicht dreinzureden, dir keine „guten Ratschläge" zu geben, wenn du nicht explizit danach fragst. Schwören, dass wir unser Versprechen auch immer halten werden, kann ich allerdings nicht – zumindest, solange du noch bei uns wohnst. Ich fürchte, den Satz „Misch dich da nicht ein, das ist meine Angelegenheit" werden wir doch noch manchmal von dir hören.

Und nun zu unserer Geburtstagsüberraschung: Du darfst endlich nach Amsterdam fahren, allerdings immer noch nicht allein. Hier also ein Gutschein für ein verlängertes

Wochenende in Amsterdam für dich und eine Person deiner Wahl. Nein, ich mische mich nicht ein und schlage vor, wen du mitnehmen sollst, denn das ist doch sowieso klar, oder?

Auf dein Wohl!

Was tun gegen Lampenfieber?

Zunächst einmal: Vor einer Rede nervös zu sein, ist ganz natürlich. Versuchen Sie, sich den Druck zu nehmen. Bei Ihrer Festrede haben Sie ein Ihnen wohlgesinntes Publikum vor sich. Gegen den trockenen Mund hilft ein Schluck Wasser, den Sie zu Beginn der Rede und auch zwischendurch zu sich nehmen können. Die kleine Trinkpause verschafft Ihnen Zeit, um sich zu sammeln und wieder zum Text zurückzufinden.

Rede eines Verwandten zur Volljährigkeit

Liebe Familie, liebe Freunde! Mein/e liebe/r (Name)!

Viele deiner Geburtstage habe ich schon mit dir und deinen Gästen gefeiert. Doch dieser ist nun ein ganz besonderer, außergewöhnlicher Geburtstag. Und da soll es dann auch eine ganz besondere Feier geben.

Ein Teil dieser besonderen Feier ist meine kleine Ansprache zu deiner Volljährigkeit. Eine kurze Gratulation, so wie üblich, erscheint mir etwas mager für so ein wichtiges Fest. Schließlich trittst du nun in das Alter ein, in dem du voll verantwortlich bist für all dein Tun und Handeln. Jetzt bist du mündig und voll geschäftsfähig, kannst den Führerschein machen, darfst wählen und kannst auch gewählt werden.

Formaljuristisch ändert sich heute also schlagartig Vieles für dich. Im Alltagsleben wird die nächste Zeit jedoch nicht anders als vor deinem Geburtstag sein: Du machst weiterhin deine Ausbildung, wohnst bei deinen Eltern und hast dieselben Freundinnen und Freunde.

Du wirst durch die 18 Jahre auch nicht plötzlich an Weisheit zunehmen, wirst zu deinen Eltern nicht plötzlich ein anderes, ein „erwachseneres" Verhältnis haben. Und auch deine Eltern werden wohl nicht schlagartig damit aufhören, Eltern zu sein und dich vielleicht in manchem auch weiterhin bevormunden. Nimm es ihnen nicht übel. Sie merken das gar nicht und wollen dich nur vor Schaden bewahren.

Die Verhältnisse werden sich nur allmählich ändern. Dazu möchte ich dir eine kleine Geschichte erzählen:

Als der Schriftsteller Mark Twain Redakteur bei einer großen Zeitung und für die Kummerspalte zuständig war, schrieb ihm eines Tages eine Achtzehnjährige, sie verstehe sich mit ihren Eltern nicht. Sie seien rückständig, ohne Sinn fürs Moderne und man könne mit ihnen nicht vernünftig reden.

Mark Twain antwortete darauf mit folgendem Brief: „Ich kann Sie gut verstehen. Als ich 18 Jahre alt war, zeigten meine Eltern ebenfalls keine Bildung. Haben Sie Geduld mit alten Leuten! Sie entwickeln sich viel langsamer als wir jüngeren."

Und er fuhr fort: „Zehn Jahre später, als ich 28 war, konnte ich mich schon vernünftig mit ihnen unterhalten. Heute nun bin ich 38, und ob Sie's glauben oder nicht, ich kann meine Eltern heute sogar um Rat fragen. Es ist schon verblüffend, was die alten Herrschaften dazugelernt haben!"

Nun, liebe/r (Name), ich wünsche dir heute, der Lernprozess deiner Eltern dauert keine 20 Jahre, sondern geht etwas schneller vonstatten. Denn das kann ich dir nun aus meiner eigenen Erfahrung mit auf den Weg gehen: Es wäre wirklich schade, wenn du so viel Zeit verstreichen ließest, bevor du auf den Rat deiner Eltern zählst und manchmal sagst: Die Alten hatten ja doch recht!

Was nicht heißt, dass die ältere Generation allgemein immer recht hat – im Gegenteil. Du weißt, in allen Zeiten haben sich Spießer und verzopfte Herrschaften über „die heutige Jugend" beschwert. Und weißt du auch, warum? Der Maler Salvador Dali hat es herausgefunden: „Das Dumme an der heutigen Jugend ist, dass man selbst nicht mehr dazugehört."

Mögen in den kommenden Jahren deine Wünsche und Träume erfüllt werden! Erheben wir nun unser Glas auf das Geburtstagskind!

Reden zum Abitur und zum Schulabschluss

Rede der Eltern zum Abitur ihres Kindes

Liebe/r (Name),

die Schule ist aus – nicht nur für den heutigen Tag, sondern für immer! Das muss schon ein erhebendes Gefühl sein, diese Hallen nie wieder betreten zu müssen, oder? Doch nun erst einmal ganz herzlichen Glückwunsch zu deinem erfolgreichen Schulabschluss!

Wir, deine Eltern, freuen uns riesig darüber, mit wie viel Bravour du die Schule letztlich gemeistert hast. Schließlich sah es ja nicht immer danach aus, dass du tatsächlich dein Abitur machen würdest. In der neunten Klasse hattest du einen richtigen „Hänger" – nur mit Ach und Krach hast du es geschafft, in die zehnte Klasse versetzt zu werden.

Aber diese kleine „Schwäche" schieben wir ganz einfach einmal auf die Pubertät – und natürlich auf die Lehrer, denn die sind immer die besten Sündenböcke, wenn es in der Schule mal nicht so klappt. Nun ist das alles aber überstanden – deshalb wollen wir auch gar nicht mehr von damals reden, sondern von heute.

Nun stehst du da mit deinem Abschlusszeugnis in der Hand, und die Freude steht dir ins Gesicht geschrieben – nicht zuletzt deshalb, weil auf dich ja nun noch einige Feste und Partys warten.

Doch bald wird sich möglicherweise auch ein bisschen Traurigkeit in die Freude mischen. Die gemeinsame Zeit mit deinen Schulfreunden ist nun zu Ende. Ihr werdet von nun an recht unterschiedliche Wege gehen. Die eine wird studieren und in eine weit entfernte Stadt ziehen, der andere macht eine Lehre hier in der Nähe, der Nächste muss zur Bundeswehr und eine andere zieht es vielleicht sogar ins Ausland. Auch wenn ihr euch schwört, dass ihr euch so schnell nicht aus den Augen verliert – es kommt immer der Zeitpunkt, an dem man feststellt, dass man doch den Kontakt zu vielen seiner ehemaligen Mitschülerinnen und Mitschüler verloren hat. Das mag für dich im Moment noch ein bisschen unwahrscheinlich klingen, schließlich seid ihr richtig gut miteinander befreundet.

Hab aber keine Angst: In deinem Alter lernst du noch so viele neue, interessante Menschen kennen, dass du deine Schulfreunde darüber zwar nicht vergisst, aber sie zumindest nicht mehr so stark vermisst. Du hast ja sowieso vor, ein Studium zu absolvieren. An der Hochschule gibt es so viele nette Menschen, dass du unter ihnen bestimmt eine Reihe neuer Freunde finden wirst. Vielleicht wirst du zu

Anfang deines Studiums noch jedes Wochenende nach Hause fahren, um dich mit den alten Freundinnen und Freunden zu treffen, doch nach und nach werden deine Aufenthalte hier seltener werden, weil du lieber etwas mit deinen neuen Bekannten unternehmen möchtest. Das ist ja auch verständlich.

Vielleicht hört sich das alles etwas ernst an, was ich dir jetzt sage. Ich will dir deine Freude an deinem Schulabschluss und den damit verbundenen Feiern damit selbstverständlich nicht nehmen – ganz im Gegenteil. Ich möchte damit erreichen, dass du den ganzen Trubel noch einmal in vollen Zügen genießt und mit deinen Freunden noch einmal so richtig ausgiebig feierst, bevor nun ein neuer Lebensabschnitt für euch alle beginnt. Feiert euch selbst, und lasst euch feiern!

Ich bin mir im Übrigen sicher, dass du und deine Freunde schon den jeweils für euch richtigen Weg einschlagen werdet. Deshalb mache ich mir jetzt auch keine Sorgen um dich und deine Zukunft. Allerdings wünsche ich dir eine glückliche Hand bei allem, was du nun tun wirst. Denn einfacher wird das Leben nach der Schule nicht, auch wenn es zunächst so aussehen mag. Du wirst dich auch weiterhin gewissen Regeln unterwerfen müssen, sei es an der Hochschule oder später im Berufsleben. Andererseits muss das nicht negativ sein – die Schule hat dir, wie du mittlerweile selbst sagst, ja auch nicht geschadet.

Erheben wir nun unser Glas auf unsere/n Abiturientin/Abiturienten und wünschen ihm ein spannendes und freudiges Leben!

Rede zum Grundschulabschluss des Patenkindes

(Hinweis: Diese Rede wird auf einen Jungen mit Grundschulabschluss gehalten. Sie kann ebenso auf ein Mädchen gehalten werden, dass die Grundschule beendet hat.)

Lieber (Name des Schulabgängers), liebe Freunde!

Noch heute sehe ich (Name des Schulabgängers) am ersten Schultag vor mir stehen. Damals trug er einen roten Wollpullover und eine neue dunkelgrüne Hose. Aber ich glaube, das war nicht so wichtig für (Name des Schulabgängers). Viel aufregender war der große Schulranzen, der schwer an seinem Rücken hing und auf den er mächtig stolz war. Er trug nun im wahrsten Sinne des Wortes Verantwortung.

Und noch wichtiger war für ihn – seien wir ehrlich – die große bunte Schultüte samt süßem Inhalt. Er hat sie dann auch abends direkt neben sein Bett gelegt, wie mir berichtet wurde. Strahlend und mit erwartungsvollen Augen hat er mich und seine Mutter am ersten Schultag angesehen. Es konnte losgehen, er war bereit.

Allerdings hat sich der Schulalltag dann doch nicht so rosig herausgestellt, wie (Name des Schulabgängers) sich das gedacht hatte. Schule, das wurde ihm bald schon klar, bedeutet nämlich nicht nur Abenteuer ohne Ende, sondern auch stillsitzen, zuhören, Hausaufgaben machen und lernen.

Ohne Fleiß eben kein Preis. Diese Kröte musste (Name des Schulabgängers) im Laufe seiner Schulzeit schlucken. Das hieß auch, neben der Freude über manchen Erfolg, Misserfolge einzustecken und daraus zu lernen. Das alles ist ein Prozess, den, so glaube ich, fast jeder von uns einmal durchmachen musste.

Heute hat (Name des Schulabgängers) sein Ziel erreicht. Und dazu gratulieren wir ihm alle. Die erste Etappe ist geschafft, und auch die zweite hat gute Chancen auf Erfolg. Du wirst dich schon durchboxen, da habe ich überhaupt keine Zweifel.

(Hier können Sie ein Erlebnis aus Ihrer eigenen Schulzeit einfügen wie zum Beispiel:)

Wenn ich an meine eigene Grundschulzeit zurückdenke, so steht sogleich meine Lehrerin Frau Vogt vor meinen Augen. Sie war eine resolute Mittvierzigerin mit kurzen braunen Haaren und blitzenden braunen Augen. Ihre Spezialitäten waren Rechnen und Rechtschreibung. Besonders mit der Rechtschreibung hatte ich damals so einige Probleme, und so bekam ich auch einige Probleme mit Frau Vogt. Heute aber muss ich sagen, bin ich Frau Vogt dankbar. Rechtschreibung ist für mich kein Problem mehr — selbst die neue nicht.

Aber ich weiß noch ganz genau, wie erleichtert ich am letzten Tag auf der Grundschule war. Denn nun gehörte ich zu den Großen und lächelte über die Erstklässler. Ich würde nicht mehr im Rechenunterricht, sondern im Mathematikunterricht sitzen und Fremdsprachen lernen: Englisch und Französisch. Doch was passierte, als die Ferien vorbei waren und ich tatsächlich zum Gymnasium ging? Da war ich wieder einmal der Kleine und ein Mädchen aus der 11. Klasse nannte mich „süß" — wie schrecklich! Natürlich war auch das Gymnasium kein Zuckerschlecken, aber das wirst du, lieber (Name des Schulabgängers), schon selber herausfinden.

Heute jedoch sind wir zusammengekommen, um nicht irgendwelche Resümees zu ziehen oder Prognosen für die Zukunft abzugeben. Wir sind heute zusammengekommen, um (Name des Schulabgängers) zu feiern und ihn hochleben zu lassen. Er hat die erste Strecke seiner Schulzeit rasch und ohne Umwege hinter sich gebracht und dafür gebührt ihm unsere ganze Achtung und unser volles Lob. Sicherlich werden wir bald wieder in diesem Kreis zusammensitzen, um den zweiten Etappensieg, den endgültigen Schulabschluss, zu feiern.

In diesem Sinne: Lauf los, Junge, wir warten schon am Ziel.

Die richtige Einstellung finden

Jeder Festredner, dem es noch an Selbstmotivation für seine Rede fehlt, sollte sich klar vor Augen führen, dass sein Vortrag nicht benotet wird. Den Zusammenhang von Rede und Bewertung haben viele noch aus Schul- und Studienzeiten so verinnerlicht, dass die Freude am Vortragen bislang nicht aufkommen konnte.

Bei einer Rede vor Freunden und Verwandten sprechen Sie in der Regel über jemanden, den Sie mögen, den Sie gut kennen und über den Sie den anderen Gästen etwas mitteilen wollen, um es mit ihnen zu teilen. Das sind gute Gründe, um sich auf die eigene Rede zu freuen.

Wenn Sie zu dieser Einstellung finden, lenken Sie Ihre Rede von vornherein in die richtigen Bahnen.

Rede zum Realschulabschluss des Patenkindes

Liebe/r (Name des Patenkindes)!

Heute haben wir einen besonderen Grund zum Feiern. Du hast es geschafft. Mit dem Realschulabschluss in Händen und einem Ausbildungsplatz in Aussicht kannst du mit Recht einen großen Freudensprung an die Decke machen und aufatmen. Viele Gründe, um optimistisch in die Zukunft zu schauen, nicht wahr?

Die Schule liegt nun hinter dir, und ein neuer Lebensabschnitt beginnt. Mit dem Zeugnis hältst du ein Dokument in Händen, das für dein weiteres Leben entscheidend ist.

(An dieser Stelle können Sie Persönliches einfügen, wie die weiteren beruflichen Pläne Ihres Patenkindes. Hier ein Beispiel:)

Du wirst also eine Banklehre beginnen. Dein Lebensrhythmus wird sich ändern. Neue Aufgaben und Pflichten kommen auf dich zu und du wirst neue Menschen, Kollegen, kennenlernen.

Und du wirst einen Chef haben, dem du dich unterordnen musst. Mit einigen Kollegen wirst du dich gut verstehen, ein paar wirst du nicht mögen, andere wiederum werden dich nicht mögen. Da heißt es, Fin-

gerspitzengefühl, *Anpassungsvermögen und Diplomatie zu zeigen — soziale Kompetenz nennt man das heute.*

Natürlich wirst du auch in deiner Banklehre wieder viel lernen müssen, aber es ist ein anderes Lernen, mehr an der Praxis orientiert. Eigentlich lernt man ja sein ganzes Leben lang, frei nach dem Motto: Leben heißt lebenslanges Lernen. Das hört sich vielleicht etwas trocken an, aber Lernen ist ja keine bierernste, langweilige Sache, sondern kann sogar Spaß machen.

Wahrscheinlich wird es dir in deinem neuen Umfeld wie in der Schule ergehen. Einige Fächer hast du geliebt, andere weniger. So geht es auch während der Ausbildung und später im Beruf. Einige Aufgaben machen Spaß, und man macht sie gern, andere sind eher Pflichterfüllung und müssen einfach getan werden.

Nach deiner Ausbildung beginnt dann der Start ins Berufsleben. Die Jobs liegen, wie du weißt, heute nicht mehr auf der Straße. Diese Zeiten sind schon lange vorbei. Heute muss sich fast jeder seinen Arbeitsplatz erkämpfen, auch dir (Name des Patenkindes) wird dieser Kampf wahrscheinlich nicht erspart bleiben. Deshalb ist es besonders wichtig, auf ein qualifiziertes Ausbildungszeugnis hinzuarbeiten, das manche Türe öffnen kann, wie man so schön sagt.

Aber jetzt hat deine Patentante genug von Schule, Ausbildung und Zeugnissen geredet. Nachdem du den letzten Schultag hinter dich gebracht hast, wirst du zunächst einmal deine letzten Ferien genießen. Denn in Zukunft wird die schönste Zeit des Lebens „Urlaub" heißen.

Als Nächstes stehen also Sonne, Meer und Sand auf dem Programm. Ich weiß, du freust dich schon lange auf diesen Griechenland-Urlaub mit deinen Freundinnen. Diese Atempause hast du verdient und ich wünsche dir ein paar erholsame Wochen mit viel Spaß. Komm gesund und munter wieder, damit du mit neuer Energie ins Berufsleben starten kannst.

Glückwunschgedicht zum Schulabschluss

Rastlos vorwärts musst du streben,
nie ermüdet stille steh'n,
willst du die Vollendung seh'n;
musst ins Breite dich entfalten,
soll sich deine Welt gestalten;
in die Tiefe musst du steigen,
soll sich dir das Wissen zeigen.
Nur Beharrung führt zum Ziel,
nur die Fülle führt zur Klarheit,
und im Abgrund wohnt die Wahrheit.

Friedrich von Schiller

Reden zum Ausbildungsabschluss und zum Examen

Rede des Vaters zur Meisterfeier

(Hier spricht der Vater zur Meisterfeier seiner Tochter, die den Familienbetrieb später übernehmen wird. Wenn das auf Ihre Rede nicht zutrifft, können Sie den Mittelteil durch einen Beitrag über eigene Erlebnisse mit Ihrem Kind in Zusammenhang mit seiner Ausbildung austauschen.)

Liebe Gäste! Mein/e liebe/r (Name)!

„Aller guten Dinge sind drei", sagt man, und alle drei dieser guten Dinge machen den Meister deines Faches aus: der qualifizierende Hauptschulabschluss, der Gesellenbrief und nun der Meisterbrief als höchste Krönung einer Berufsausbildung im Handwerk. Um dies zu erreichen, muss man sich schon sehr anstrengen. Und genau das hast du getan. Denn wie heißt es so schön? Es ist noch kein Meister vom Himmel gefallen. Damit konntest du ein Lebensziel erreichen.

(Hier können Sie Ihre eigenen Erlebnisse einfügen.)

Dieses Ziel war es auch, das ich immer im Visier hatte, für mich wohl mehr ein Wunschziel. Ich wünschte mir immer, dass du eines Tages in meine Fußstapfen trittst, doch ich wollte dich niemals dazu drängen. Wenn nun solch ein Wunsch in Erfüllung geht, ist das ein Glückstag im Leben.

Seit ich selbst vor mehr als 30 Jahren den Betrieb meines Vaters übernahm, träumte ich davon, dass dies auch eines meiner Kinder tun werde. Doch was in den Zeiten unserer Väter und Großväter meist noch selbstverständlich war, ist heute eher die Ausnahme. Jeder Vater muss sich heute glücklich schätzen, wenn eines seiner Kinder in seine Fußstapfen tritt, das Handwerk des Vaters erlernt und eines Tages den Familienbetrieb fortführt.

Glücklicherweise ist es heute nicht mehr ganz so abwegig, auch die Tochter einen so genannten „Männerberuf" erlernen zu lassen. Denn manchmal haben die Mädchen viel mehr Interesse am Handwerk des Vaters als die Jungen in der Familie. Da vergrößert sich die Auswahl unter den Kindern.

Doch ich wollte keines meiner Kinder zwingen, mein Handwerk zu erlernen, um den Betrieb fortzuführen. Das hätte uns allen nur geschadet und letztlich hätte auch der Betrieb darunter gelitten. Gar kein Meister ist immer noch besser als ein schlechter Meister, der lustlos und ohne Freude sein Handwerk betreibt.

Du bist zu einer Meisterin geworden, die viel Interesse und Engagement mitbringt.

Dieses Interesse, liebe (Name), hast du schon von Kindesbeinen an gezeigt. Werkzeug aller Art hat dich schon immer magisch angezogen. Wie oft mussten wir es dir aus der Hand nehmen, damit du dich nicht verletzt! Obwohl du dich erstaunlich wenig verletzt hast – so geschickt, wie du bereits als Kind warst!

Mich als Vater, erfüllt dieser Tag mit großem Stolz, denn er lässt einen großen Wunsch von mir in Erfüllung gehen.

Wo sonst steht der Beruf auch heute noch auf so althergebrachter Tradition? Schon Goethe schrieb in seinem „Wilhelm Meister":

„Allem Leben, allem Tun, aller Kunst muss das Handwerk vorausgehen, welches nur in der Beschränkung erworben wird. Eines recht wissen und ausüben gibt höhere Bildung als Halbheit im Hundertfältigen."

Goethe setzt hier also eine enge Verbindung zwischen Kunst und solidem, handwerklichen Können.

Leider geht diese Verbindung im modernen Alltag oftmals verloren. Auch Handwerker sind zu Produzenten geworden. Der Künstler in ihm tritt in den Hintergrund. Ich will das nicht unbedingt verurteilen. Technisches Können ist heute wichtiger denn je und das ist auch gut so.

Mit deinem Meisterstück hast du nicht nur gezeigt, dass du technisch fit bist. Du hast auch ein kleines Kunstwerk geschaffen.

So möchte ich dir nun für die Zukunft auch weiterhin so viel Kreativität und so viel Kunstfertigkeit wünschen, wie du uns mit deinen Arbeiten gezeigt hast. Möge dich auch weiterhin dein goldenes Händchen bei der Arbeit leiten, damit du noch viele goldene Jahre vor dir hast!

Frei sprechen oder ablesen?

Keine Frage: Wenn es Ihnen leichtfällt, Texte auswendig zu lernen, sollten Sie auf jeden Fall Ihre Rede frei vortragen. Viele Redner fühlen sich jedoch sicherer, wenn sie ihre Rede vom Blatt ablesen. Versuchen Sie in diesem Fall, sich ab und zu vom Manuskript zu lösen und den Blickkontakt mit den Zuhörern zu suchen. Das gibt Ihnen die Rückmeldung, wie Ihre Rede aufgenommen wird, und den Zuhörern das Gefühl, persönlich angesprochen zu werden. ▶

Eine gute Lösung, die Ihnen eine Mischung aus freiem Vortrag und Ablesen erlaubt, ist die Karteikarten-Methode. Notieren Sie hierfür Ihre Rede stichwortartig auf Karteikarten oder andere helle Blätter aus dünnem Karton in der Größe von ca. DIN A5. Wichtig ist, dass Sie Ihre Schrift gut erkennen können und sich schnell zurechtfinden. Deshalb sollten die Karten auch nur einseitig beschriftet und zum Schluss durchnummeriert werden. Notieren Sie pro Karte nie mehr als einen Hauptgedanken. Zitate, schwierige Worte und Zahlen werden ausgeschrieben. Mit diesem Stichwort-Manuskript sind Sie freier in Ihrem Vortrag und können Ihre Rede gegebenenfalls an die aktuelle Situation anpassen, ohne befürchten zu müssen, dass Sie einen wichtigen Gedanken vergessen.

Rede für einen Freund

Lieber (Name)!

Du hast es geschafft! Du bist (Berufstitel)! Bei dir kann man nicht sagen „was lange währt, wird endlich gut" – wie bei so manchen anderen von uns. So schnell wie du hat selten einer alle Hürden und Prüfungen gemeistert!

Da du, wie wir alle wissen, kein Freund von langen Reden bist – als Technik-Mensch ist für dich jedes „Geschwafel" suspekt – sagen wir nur eins: alles Gute!

Das aber lass mich buchstabieren – und zwar in einer Sprache, die dir nicht unbekannt sein dürfte.

- A wie ASCII. Für Nicht-Computerfreaks: Abkürzung für „American Standard Code for Information Interchange".
- L wie Link, das ist die Kurzform für Hyperlink.
- L wie Lurker. Ihr wisst nicht, was das ist? Ein Lurker ist ein Mensch, der an einem Internetforum teilnimmt, aber nur liest und nicht selber schreibt.
- E wie E-Mail.
- S wie Software.
- G wie Gigabyte.
- U wie das Betriebssystem Unix.
- T wie Terminal.
- E wie Electronic Banking.

Alles Gute – und Prost!

Rede zum Hochschulexamen des Sohnes/der Tochter

Liebe Freunde! Liebe/r (Name)!

Man soll die Feste feiern, wie sie fallen, und besondere Tage sollen besonders begangen werden. Heute ist einer dieser besonderen Tage in unserer Familie, denn seit heute kann nun mein Sohn/meine Tochter ein Hochschuldiplom vorweisen. Wenn das kein Grund zum Feiern ist!

Die Jahre konzentrierten Arbeitens sind nun belohnt worden. Das waren erfolgreiche und manchmal erfolglose Jahre, Jahre auch des Zweifelns, ob denn der eingeschlagene Weg auch der richtige sei.

Gerade in heutiger Zeit kann ein Studium schon einmal Zweifel aufkommen lassen. Schließlich bestimmen Arbeitslosenzahlen das Bild in den täglichen Nachrichten. Und zwar auch die Arbeitslosigkeit von vielen Akademikern. Da wurde ab und zu die Frage laut, ob nicht eine andere Ausbildung doch besser gewesen wäre für dich. Aber ich denke, auch heute noch ist das Wichtigste am Beruf, dass er einem Freude und Zufriedenheit im Leben bereitet.

Und zu studieren bedeutet eben doch ein bisschen mehr, als nur allein einen Beruf zu erlernen. Studieren bedeutet auch und vor allem, geistiges Gut, geistiges Kapital zu erwerben, das einem niemand mehr wegnehmen kann. Dieses Gut kann nicht gestohlen werden. Stattdessen kann es reiche Früchte tragen. Es gilt nur, dass das Erlernte am richtigen Ort und zur richtigen Zeit Einsatz findet.

Liebe/r (Name), dies ist nun auch mein Wunsch an dich: Ich wünsche dir und uns als deinen Eltern, dass du genug Geschick aufbringst, um das in langen Jahren hart Erarbeitete für deinen weiteren Lebensweg zu nutzen.

Dazu hoffe ich, dass du dich nun nicht auf den Lorbeeren ausruhst. Denn so wie es aussieht, geht es heute nicht mehr ohne dauernde Pflege des einmal Erlernten. Doch das weißt du natürlich selbst am besten. Unsere heutige hoch technisierte Zeit fordert von jedem, sich immer wieder neuen Aufgaben zu stellen, sich immer wieder auch neue Techniken anzueignen. Ich weiß, das wird dir nicht schwerfallen.

„Wissen ist Macht", heißt es. Ich habe nachgeschlagen, um zu erfahren, wer diesen Satz geprägt hat. Es war Francis Bacon, einer der Väter der Aufklärung. Die Gedanken der Aufklärung gelten bis heute. Somit stimmt auch der Satz „Wissen ist Macht" ohne Abstriche weiterhin, wobei ich die Macht vor allem als eine Macht über sich selbst interpretiere. Nur mit ihr steht und fällt jeder Erfolg im Leben.

Und genau darum war es uns sehr wichtig, unseren Kindern die beruflichen Möglichkeiten zu eröffnen, die sie sich wünschen und denen sie gewachsen sind. Nur ein Beruf, den man gern ausübt, der einen fesselt, macht zufrieden. Da ist es ganz gleichgültig, ob man nun Schlosser ist oder Bankkaufmann, Zahntechniker oder Jurist. Es kommt einzig darauf an, wie wir uns selbst in dem erwählten Beruf wiederfinden.

Es beruhigt mich schon sehr, wenn ich weiß, dass du, liebe/r (Name), dein Fach aus Überzeugung und nicht etwa aus Verlegenheit oder Langeweile gewählt hast. Du hast gewusst, was du tun möchtest, und das konntest du auch verwirklichen. Nun hast du den Abschluss eines Studiums hinter dir, mit dem du, wie ich denke und hoffe, die Befriedigung in deinem Beruf erlangen kannst, die ich dir wünsche und die du dir selbst erhoffst. Es bleibt mir nur noch, dir dazu viel Glück zu wünschen auf deinem künftigen Lebensweg.

Rede zur Promotion des Sohnes/der Tochter

Liebe Gäste, liebe/r (Name)!

Wir sind stolz und glücklich darüber, dass wir heute mit dir deine Promotion feiern können. Diesen Stolz wird uns, wie ich meine, niemand verübeln.

Alle Eltern wollen, dass aus ihren Sprösslingen „etwas Ordentliches wird", wie man so schön sagt. Nun, jetzt können wir beruhigt sein, denn mit dem Doktortitel hast du uns unter Beweis gestellt, dass die vielen Jahre des Studiums nicht umsonst waren. Die Investition in deine Ausbildung hat sich gelohnt.

Wir beglückwünschen dich von ganzem Herzen zu deiner Promotion. Du hast zielstrebig und fleißig an diesem Ziel gearbeitet und es letztlich nach vielen Jahren auch erreicht.

Von Montesquieu stammt der Satz: „Wer Erfolg im Leben haben will, macht die Beharrlichkeit zu seinem Lehrer, die Erfahrung zu seinem Bruder, die Vorsicht zu seinem Wächter und die Hoffnung zu seiner Geliebten."

Beharrlichkeit, das konnten wir immer wieder sehen, ist die stärkste Kraft, die man für ein langes Studium braucht – man denke nur an die hohe Zahl von Studienabbrechern. Diese Beharrlichkeit hast du bewiesen, du hast sie in der Tat zu deinem Lehrer gemacht. Sie hat dich gelehrt, dich nicht von Rückschlägen mürbemachen zu lassen. Ohne ein gehöriges Maß an Beharrlichkeit kann eine Promotion nicht mit einem „Magna cum laude" abgeschlossen werden.

„Wer Erfolg im Leben haben will, macht die Erfahrung zu seinem Bruder", heißt es weiter bei Montesquieu. Und in der Tat: Vor allem natürlich wissenschaftliche, aber auch menschliche, soziale Erfahrung braucht man, um in einem Fach zu promovieren. Sie steht dir bei, stützt dich in schwierigen Situationen und verleiht dir das Quäntchen Fingerspitzengefühl, das du brauchst, um eine wissenschaftliche Aufgabe zu bewältigen.

Wie hieß es weiter? „Wer Erfolg im Leben haben will, macht die Vorsicht zu seinem Wächter." Was sagt uns das? Gerade im wissenschaftlichen Arbeiten muss man vorsichtig sein und sollte zum Beispiel nie ungeprüft Thesen von Anderen übernehmen.

Noch ein Viertes sei nach Montesquieu zu beachten, um zum Erfolg zu gelangen: Man soll die Hoffnung zu seiner Geliebten machen, heißt es da. Und das ist wohl das stärkste Element. Denn ohne die Hoffnung auf einen Erfolg nützt alle Beharrlichkeit, alle Erfahrung und auch alle Vorsicht nichts. Denn nur die Hoffnung, das Ziel zu erreichen, hält uns bei der Stange, gibt uns Ansporn und führt uns schließlich zum Ziel.

Noch eine andere kluge Weisheit stammt von Montesquieu: „Man muss Zustimmung für seine Arbeit suchen, nicht Beifall." Das Feiern heute bringt dir den Beifall. Zustimmung zu deiner wissenschaftlichen Arbeit erhältst du hoffentlich später von den Vertretern deines Fachs. Nur dann kannst du einen langfristigen Erfolg verbuchen. Dass sich dieser Erfolg auch tatsächlich einstellt, das wünschen wir dir.

Lasst uns darauf anstoßen.

Üben für den Erfolg

Nicht nur der Inhalt, auch die Vortragsart der Rede ist wichtig für ihren Erfolg. Üben Sie deshalb vorab – am besten vor einem kleinen Publikum – die Rede zu halten. Dadurch erlangen Sie nicht nur mehr Sicherheit, sondern können gleichzeitig auch testen, ob Ihre Pointen den gewünschten Erfolg erzielen.

Dankesrede zur Promotion

Liebe Gäste!

Ich freue mich heute sehr, euch alle, liebe Freundinnen und Freunde, liebe Familie, hier an diesem festlich gedeckten Tisch begrüßen zu dürfen. Zuerst will ich euch ein dickes Dankeschön sagen für die seelische Unterstützung, die ihr mir in den vergangenen harten Wochen und Monaten gegeben habt.

Es war der Endspurt nach meiner langen Kasteiung, um endlich in die Höhen akademischer Würden zu gelangen. Nun ja, jedenfalls empfinde ich das durchaus so: als Kasteien. Die Anderen gingen in der Sommerhitze zum Schwimmen – ich schwitzte in der Bibliothek. Die Anderen feierten bis nachts um drei eine Party – ich saß bis nachts um drei am Computer. Die Anderen machten Urlaub in der Karibik – für mich war es bereits Urlaub, wenn ich ein Buch auf dem Balkon las. Ich habe wohl öfter darüber geklagt.

Deswegen möchte ich jetzt all denen danken, die mich so manche Stunde ertragen und wieder aufgerichtet haben, wenn ich am Boden zerstört war, damit ich nicht noch auf der Zielgeraden schlappmache.

Aus heutiger Sicht finde ich das alles halb so schlimm. Naja, „Erinnerungsverklärung" nennt man das wohl, wenn die harten Aufgaben, die hohen Hürden in der Erinnerung plötzlich schrumpfen und kaum mehr wahrgenommen werden. Nach getaner Arbeit ist ja auch die Befriedigung darüber, „es" geschafft zu haben, fast grenzenlos.

Trotz aller „Kasteiungen" muss ich zugeben: Das wissenschaftliche Arbeiten hat mir sehr viel Spaß gemacht.

Was ist Wissenschaft überhaupt? Von Einstein stammt die Definition:

„Das letzte Ziel aller wissenschaftlichen Erkenntnis besteht darin, das größtmögliche Tatsachengebiet aus der kleinstmöglichen Anzahl von Axiomen und Hypothesen zu erhellen."

Nun, das ist eine gute Anleitung dafür, wie man eine Dissertation angehen sollte, wenn man sich nicht in Nebensächlichkeiten versteigen will.

Auch Kant hat sich damit beschäftigt und herausgefunden:

„Eine jede Lehre, wenn sie ein System sein soll,
ein nach Prinzipien geordnetes Ganzes der Erkenntnis,
heißt Wissenschaft."

Nun wissen wir es genau. Und der Wissenschaftler muss dann derjenige sein, der die Prinzipien des Ganzen erkennt. Oder, um es mit Oscar Wilde auszudrücken:

„Ein Wissenschaftler ist jemand, dessen Einsichten größer
sind als seine Wirkungsmöglichkeiten. Beim Politiker ist das
gerade umgekehrt. Seine Wirkungsmöglichkeiten sind größer
als seine Einsichten."

Ich gebe zu, ich bin lieber Wissenschaftler als Politiker, obwohl ich zugeben muss, dass ich mir manchmal etwas größere Wirkungsmöglichkeiten wünsche. Wer liest zum Beispiel schon meine Dissertation außer ein paar Experten vom Fach?

Ich hoffe, dass mein akademischer Titel wenigstens einen kleinen praktischen Nutzen hat – und zwar, was den Arbeitsmarkt betrifft. Da wird der Kampf um eine gute Stelle oft mit Hauen und Stechen geführt. Klar, dass dann einer mit einem „Dr." vor dem Namen bessere Karten in dem Wettkampf um Positionen und Stellungen hat. Doch ob das auch zutrifft, wird erst die Zukunft zeigen. Die notwendigen Voraussetzungen kann ich jedenfalls nun vorweisen. Und so lasst mich schließen mit einem chinesischen Sprichwort:

„Die Aussichten eines Tages bestimmt das Morgenrot,
die Aussichten eines Jahres der Frühling,
die Aussichten eines Lebens der Fleiß."

Nun hoffen wir, dass ich fleißig genug war!

Geburtstagsreden

Kurze Tischrede für ein Geburtstagskind

Liebe/r (Name),

viel Glück und viel Segen auf all deinen Wegen, das wünschen wir dir von Herzen für dein neues Lebensjahr.

Mit „Wege" sind nicht nur die Strecken gemeint, die du zu Fuß zurücklegst. Vielmehr denken wir hierbei an die langen Fahrten im Auto, für die du einen besonderen Schutzengel benötigst. Möge er dich immer begleiten.

Gesundheit und Frohsinn sollen ebenfalls nicht fehlen. Gesundheit ist nötig, um den Frohsinn zu behalten und an Frohsinn wiederum darf es nicht mangeln, sonst bleibst du nicht gesund.

Liebe/r (Name), wir danken dir, dass du uns eingeladen hast, um mit dir deinen Geburtstag zu feiern. Wir freuen uns auf diesen Abend und das schöne Fest.

Lasst uns nun die Gläser erheben und mit einem „Hoch soll sie/er leben" auf das Wohl von (Name des Geburtstagskinds) anstoßen.

Die Sternzeichenrede

((Jedes Geburtstagskind ist in einem der zwölf Sternzeichen geboren. Laut Umfragen glauben die meisten von uns nicht wirklich an ihr Sternzeichen, schließen aber dennoch einen Einfluss auf ihr Leben nicht völlig aus. Wenn das auf das Geburtstagskind zutrifft, kommt eine augenzwinkernde Sternzeichenrede zum Ehrentag richtig gut an — sie ist in jedem Fall persönlich, unterhaltsam und zudem noch originell. Suchen Sie sich die auf das Tierkreiszeichen passenden Eigenschaften aus einem Astrologiebuch heraus. Die hier vorgestellte Rede passt zu einem „Löwen" oder „Widder".))

Liebe/r (Name des Geburtstagskinds),

du bist am (Geburtsdatum) geboren, und damit aus astrologischer Sicht ein/e (Sternzeichen angeben). Als unter diesem Zeichen Geborene/r besitzt du einen äußerst starken Willen. Persönliche Unabhängigkeit bedeutet dir viel. Dein Bedürfnis nach Freiheit ist die Folge deines anhaltenden Wissensdurstes, deiner präzisen Beobachtungsgabe und deines scharfen Verstandes.

Wir, deine Freunde, haben dies recht schnell erkannt und zu schätzen gelernt. Deine Weigerung, fremde Normen und Zwänge zu akzeptieren, und deinen Mut, unangepasste Anschauungen zu vertreten, haben wir immer an dir bewundert. Diskussionen mit dir sind stets bereichernd – und aufregend!

Gleichzeitig bist du bemerkenswert ausgeglichen, mit einem ansteckenden Sinn für Humor ausgestattet und hast die Gabe, Schwung selbst in die festgefahrensten Projekte zu bringen. Wer je mit dir zusammengearbeitet hat, wird das bestätigen können.

(Hier können Sie ein persönliches Erlebnis anschließen wie beispielsweise:)

Ich selbst habe diese deine Eigenschaft bei einem dreiwöchigen Familienurlaub kennenlernen können. Nach anderthalb Wochen Dauerregen ohne Aussicht auf Besserung sank die Stimmung auf den Nullpunkt, die Kinder quengelten ohne Ende und die ersten Stimmen nach Abbruch wurden laut. Das war dann deine Stunde: Kein professioneller Urlaubs-Animateur hätte diese Aufgabe besser meistern können. Du schicktest uns gnadenlos durch den Regen und zeigtest uns, was es bei diesem Wetter draußen alles zu entdecken gibt. Wir lernten Fährten lesen, Bäume bestimmen und Steine zuordnen. Zu allem konntest du uns etwas erzählen, was wir vorher noch nicht wussten.

Mit deiner Kamera nahmst du alles auf, was wir taten, und zeigtest uns die Bilder abends auf dem Laptop, wenn wir wieder trocken und warm in der guten Stube saßen. Die gesammelten Schätze aus Mineralien, Stöckchen und Blättern lagen derweil zum Trocknen auf alten Zeitungen im Eingang. Jeden Tag musste ein Team aus einem Erwachsenen und zwei Kindern etwas kochen, das die anderen sich — im Rahmen der Möglichkeiten — gewünscht hatten. Abends wurden Gesellschaftsspiele gespielt und anschließend ein Kapitel aus dem ungemein spannenden Fortsetzungsroman „Die Ritter der blauen Stunde" vorgelesen.

Nach drei Wochen bedauerten es alle, dass der Urlaub vorbei war, obwohl es nach wie vor regnete.

Liebe/r (Name), wir freuen uns, heute deinen Geburtstag mit dir feiern zu dürfen. Du bist ein/e wunderbare/r Freund/Freundin. Bleibt, wie du bist – so mitreißend und neugierig auf das Leben.

Lasst uns jetzt die Gläser erheben und auf dein Wohl trinken!

Die 1-Minuten-Geburtstagsrede

Liebe/r (Name)!

Herzlichen Glückwunsch zu deinem (Zahl einfügen) Geburtstag!

Du hast mir ausdrücklich erlaubt, die Zahl zu nennen, denn du weißt, dass wir sie dir sowieso nicht glauben. Du bist der einzige Fall in der Geschichte, der permanent eine höhere Zahl seiner Lebensjahre angibt, statt mit einer niedrigeren zu kokettieren. Wir jedenfalls fallen darauf nicht mehr herein!

Man muss sich nur ansehen, wie du zweimal in der Woche durch den Park flitzt – egal bei welchem Wetter. Selbst die Hunde, die dir nachlaufen, geben nach kurzer Zeit japsend auf.

Wir jedenfalls glauben, dass du zehn Jahre jünger bist, als du uns genannt hast, und sind gekommen, um heute deinen (Zahl des Geburtsjahres minus zehn) Geburtstag zu feiern. Entsprechend haben wir auch die Geschenke ausgesucht. Lass dich überraschen – sie werden dir gefallen!

Am besten, du packst es gleich an – so wie es deiner dynamischen Natur entspricht – und wickelst die Gaben aus. Wir möchten dein Gesicht sehen, wenn du erkennst, was wir uns für dich ausgedacht haben.

Für das neue Jahr wünschen wir dir mehr Glück als hineinpasst. Lasst uns darauf anstoßen. Auf dein Wohl!

Zu Ehren des Jubilars

Ein wenig Hinwendung tut not – und zwar im wahrsten Sinne des Wortes. Wenn Sie den Jubilar in ihrer Festrede namentlich nennen, sollten Sie sich leicht mit dem Oberkörper zu ihm hinwenden und einen kurzen Augenblick innehalten. Mit dieser kleinen Geste ehren sie den den Gefeierten und unterstreichen wirkungsvoll Sinn und Anlass ihrer Rede.

Glückwunschgedicht zum Geburtstag

Gleich einem Frühling lache dir das Leben,
in welchem Freuden, Blumen gleich, erblüh'n,
ein blauer Himmel möge dich umgeben
und keine düster'n Wolken ihn umzieh'n;
des Lebens Sommer mög' dir freundlich nahen,
mit allem Reiz dich segensreich umfangen.

Irisches Sprichwort

Reden zu runden Geburtstagen

Rede zum 30. Geburtstag einer Freundin

Liebe (Name),

vielleicht kennst du noch den Spruch aus den sechziger/ siebziger Jahren: „Traue keinem über 30". Auf dich trifft er heute noch nicht zu, denn du bist nicht über 30, sondern genau 30. Morgen ist das bereits anders, da bist du nach der damaligen Lebensphilosophie der Hippies „alt". Und auf alte Leute hält man an runden Geburtstagen Reden. Genau das werde ich jetzt versuchen.

Du hast dir ausdrücklich nichts von uns zum Geburtstag gewünscht. „Bringt eine Flasche Wein mit oder ein paar Blümchen", hast du gesagt. Dein Wunsch ist uns Befehl. Hier hast du eine Kiste von deinem Lieblingswein und hier hast du 30 Rosen. Denn wir wissen, dass du Rosen liebst.

Und damit bin ich beim Thema: die Rose. Die Königin der Blumen wanderte von Südasien über den Fernen und Nahen Osten in den Mittelmeerraum. Über Italien, Spanien und Frankreich gelangte sie schließlich auch nach Mitteleuropa.

Nein, ich werde jetzt keinen Vortrag über die Rose im Allgemeinen und im Besonderen halten, sondern euch kleine Geschichten rund um die Rose erzählen.

Aus Asien, der Heimat der Rose, wird berichtet, dass die schönste der Frauen aus einer mit 108 kleinen und 1008 großen Blütenblättern sich öffnenden Rose geboren wurde. Wishnu, der Welterhalter, sah Lakshmi, die Göttin des Glücks, in ihrer Rosenwiege schlummern. Hingerissen von ihrer Schönheit, weckte er sie mit einem Kuss und machte sie zu seiner Gemahlin. Seitdem war die Rose Symbol des Göttlichen.

Auch in der europäischen Antike war die Rose die Königin der Blumen. Über ihre Entstehung gibt es folgende Legende: Amor verliebte sich in Flora, die Göttin der Blumen. Diese verschmähte ihn aber. Erst, als sie von Amors Pfeil getroffen wurde, erfasste sie die Leidenschaft. Nun aber verschmähte er sie, wahrscheinlich hatte er sich schon in eine andere verliebt. In ihrer Trauer beschloss Flora, eine Blume zu schaffen, so lebendig und schön, dass sie mit ihr lachen und weinen konnte. Eine Wunderblume öffnete ihre Knospen unter ihrer Hand. „Eros", wollte Flora rufen, doch nur ein schüchternes „Ros" kam über ihre Lippen. Lind so wurde die neu geborene Blumenschönheit als „Rose" gefeiert.

Das Adonis-Röschen hat natürlich etwas mit dem schönen Adonis zu tun. Als Venus erfuhr, dass ihr Geliebter Adonis, von einem Eber schwer verletzt, dem Tode nahe sei, lief sie, barfuß, wie sie war, durch Dornenhecken zu ihm hin. Die weißen Heckenrosen färbten sich rot von ihrem Blut. Sie fand Adonis im Sterben. Venus bat Zeus, das Andenken ihres Geliebten durch die Verwandlung in eine Blume für immer festzuhalten. So entstand das Adonis-Röschen.

Auch in Frankreich wurde und wird die Rose verehrt. Von Ludwig dem Heiligen erzählt man dort, dass nach seinem Tod seinem Mund eine Rose entspross – als Zeichen für seine vielen guten Taten.

Im mittelalterlichen Deutschland war die Rose nicht nur Zeichen erhörter Liebe. Bei großen Zechgelagen befestigte man sie auch an der Decke – in dieser Form symbolisierte sie Verschwiegenheit.

Es gab auch verschiedene christliche Rosenorden, einer der nettesten war wohl der der „Rosati": Als Mitglied fand dort nur Anerkennung, wer ein Gedicht zu Ehren der Rose verfasst hatte.

Es gibt noch viele weitere Rosengeschichten, für heute höre ich aber mit dem Erzählen auf.

Dir, liebe (Name), alles, alles Gute zum Geburtstag!

Rede zum 50. Geburtstag eines Freundes

Liebe Gäste, lieber (Name)!

Erinnerst du dich? Fünfzehn Jahre ist es nun her, dass wir uns kennen. Die Zeit verrinnt wie im Flug.

Unsere lange Freundschaft ist geprägt von den wichtigsten Nebensachen des Lebens, die ich kurz mit „Wein, Weib, Gesang" beschreiben möchte. Wir lieben beide den roten Wein und verbringen damit viele fröhliche Abende. Wir lieben auch beide unsere Frauen, die uns in so manchen Stunden den Rücken massieren und in anderen denselben frei halten. Und wir genießen es beide, Feste zu feiern. Solche Gemeinsamkeiten, finde ich, sind eine gute Grundlage für eine lange Freundschaft.

Und so freut es mich ganz besonders, zu deinem heutigen Geburtstag eine kleine Ansprache zu halten. Dieser Ehrentag ist ja auch ein ganz besonderer: das 50. Wiegenfest.

Nun ja, in diesem Alter sagt man schon „Jubiläum" dazu, schließlich sind wir von einer Wiege weit entfernt, sowohl von der eigenen wie auch von der der Kinder.

In jedem Leben gibt es „besondere" Geburtstage. Nehmen wir zum Beispiel den 18. Zweifelsohne ist er sehr wichtig, da wird der Mensch volljährig.

Aber als Jubiläum kann man diesen Tag dann doch nicht sehen, ihm fehlt die markante Null, zumindest aber die halbierte Null. Der 18. Geburtstag ist eher schon Anlass für die erste Orgie des Lebens. Und vielleicht die letzte, die noch der Herr Papa finanziert.

Oder der Dreißigste. Da überschreitet man auch eine denkwürdige Schwelle. Die Jugend ist nun endgültig vorbei. „Trau keinem über dreißig", hieß es damals, als du, lieber (Name), gerade im Begriff warst, diese Hürde zu nehmen. Da war es natürlich fraglich, ob man den Dreißiger so laut hinausposaunen sollte. Oder der Vierzigste: Wenn wir ehrlich sind, mehr als eine runde Zahl hat er nicht zu bieten.

Erst am Fünfzigsten legen wir mit den Festivitäten anlässlich des Geburtstags so richtig los. Jetzt wird's ernst, denken wir uns da. So mancher denkt's mit Grausen. Denn jetzt kommt die zweite Lebenshälfte, jetzt hält die Reife des Lebens Einzug.

Ein reifer Jahrgang bist du nun, und das ist nicht nur bei Weinen auch ein edler Jahrgang. Unsere Liebe zu den roten Rebsäften bestätigt uns die Qualität der Reife immer wieder von Neuem.

Nun gut, so ein reifer Jahrgang beim Menschen hat zwar Silber im Haar, Gold in den Zähnen und Blei in den Füßen. Und die Weisheit, die Erfahrung, die Tugend, die man dir nun zuschreibt, lieber (Name), sind mit Gold nicht aufzuwiegen. Jedenfalls, was Weisheit und Erfahrung angeht.

Mit der Tugend ist das allerdings so eine Sache. Da will ich mich nicht festlegen. Wilhelm Busch formuliert es so:

„Ach, der Jugend schöne Werke,
Gerne möcht' ich sie erwischen.
Doch ich merke, doch ich merke,
Immer kommt mir was dazwischen."

Verflixt ist das schon. Deshalb kann ich nun nicht mit Bestimmtheit sagen, ob man dem reifen Jahrgang auch die Tugend so uneingeschränkt zuschreiben kann.

Und darauf, liebe Freunde, lieber (Name), lasst uns jetzt gemeinsam anstoßen!

Stoffsammlung und Recherche

Die Frage: „Über was soll ich nur reden?", erübrigt sich fast von selbst, wenn Sie sich einen Fragenkatalog überlegen, zu allem, was mit dem Geburtstagskind zu tun hat.

- Welche Fakten wissen Sie über sie oder ihn? Wann wurde sie/er beispielsweise eingeschult – oder bestand die erste Prüfung?
- Welche Hobbys hat die zu ehrende Person? Kennen Sie damit verbundene Erlebnisse?
- Welche Interessen hat sie oder er? Können Sie etwas über ihren/seinen Lieblingsautor oder Lieblingskomponisten sagen?
- Welche positiven Charaktereigenschaften möchten Sie besonders hervorheben?
- Haben Sie gemeinsame Erlebnisse, die es sich lohnt, zu berichten?
- Was geschah im Jahr seiner Geburt in der Weltgeschichte?
- Welche berühmten Persönlichkeiten wurden am gleichen Tag wie die Hauptperson geboren?

Diese Liste ließe sich noch sehr weit fortführen. Sie soll Ihnen einen Anstoß für weitere Fragen für Ihre eigene Geburtstagsrede geben.

Rede zum 60. Geburtstag eines Freundes

Lieber (Name)!

Nein, der Jüngste bist du nun nicht mehr – klug und weise allerdings glücklicherweise auch noch nicht, obwohl du einiges an Erfahrungen auf dem Buckel hast und das Leben dich geprägt hat.

Und wie hat es dich geprägt? Lasst uns einen Blick zurückwerfen auf deine Kindheit. Wie war das damals? Von der großen Politik in der Nachkriegszeit hast du wohl nichts mitbekommen; es herrschte der Kalte Krieg zwischen Ost und West und viele Staaten der so genannten Dritten Welt waren noch Kolonien.

Aber vielleicht erinnerst du dich noch an den Lebertran, den viele Kinder trinken mussten, auf dass sie groß und stark werden? Ein Kunstfaserstoff trat seinen Siegeszug um die Welt an: das Nylon. 1948 wurden zum Beispiel in den USA 20 Millionen Tonnen davon hergestellt, denn die Damen trugen Nylonstrümpfe.

Deine Windeln waren dagegen traditionell aus Baumwolle; Pampers gab es zumindest hier in Mitteleuropa nicht. Aus den USA kam auch eine weitere Errungenschaft, das Taschenbuch. Könnt ihr euch heute ein Leben ohne Taschenbücher vorstellen? Wichtige, eilige Botschaften wurden per Telegramm übermittelt; so existiert zum Beispiel noch das Telegramm, mit dem deine Eltern ihren Eltern deine Geburt angezeigt haben. Denn nicht viele Leute hatten damals Telefon. Natürlich gab es kein Fax, geschweige denn E-Mails – höchstens Fernschreiber. Auf den Schreibtischen standen mechanische Schreibmaschinen vom Typ „Adler Triumph" oder „Olympia" – es sollte noch viele Jahre dauern, bis Computer mit Textverarbeitungssystemen aufkamen.

Musik hörte man vom Plattenspieler oder Magnetophonband, dem Vorläufer der heutigen Audiokassetten. Fernseher oder Zentralheizungen hatten nur ganz wenige, geheizt wurde mit Torf, Holz und Kohle. Und auch du, lieber (Name), kannst ein Lied singen vom Kohlenschleppen!

Eine Wonne für Kinder waren Kuchenstücke namens Amerikaner, verhasst waren Pullis und Strümpfe aus kratziger Wolle.

Steinzeit war trotzdem nicht mehr, auch wenn es euch Jüngeren manchmal vielleicht so vorkommt, Sekt gab es zum Beispiel schon seit Jahrhunderten und auch auf deine Geburt, lieber (Name), hat man damals wohl mit diesem köstlichen Getränk angestoßen.

In diesem Sinne: auf dein Wohl!

Rede des Jubilars zum 60. Geburtstag

Meine lieben Freunde! Liebe Familie!

Es freut mich sehr, dass ihr euch die Zeit genommen habt, um mit mir meinen 60. Geburtstag zu feiern. Dazu möchte ich euch alle ganz herzlich willkommen heißen. Es ist mir eine Freude, vor allem aber auch eine Ehre, mit euch zusammen diesen Tag zu begehen.

Dieser Tag, dieser 60. Geburtstag, hat ja eine große Bedeutung im Leben eines Menschen. So auch in meinem eigenen Leben. Denn jetzt fängt das siebte Lebensjahrzehnt an, eine, ich muss es gestehen, etwas erschreckende, beunruhigende Zahl. Sie ist für mich noch ganz ungewohnt, etwas unbequem sogar und noch nicht recht vorstellbar.

Die Zeit bis zum 60. ist wie im Fluge vergangen. Wenn ich mit 20 an dieses Alter dachte, so schien das noch ganze Welten, ganze Lichtjahre in der Ferne zu liegen. So weit entfernt, als würde es fast nie eintreten.

Doch irgendetwas muss dieses Alter doch bringen. Ich hab also in meinem Zitatenschatz gestöbert.

„Je älter man wird, desto ähnlicher wird man sich selbst",

meint Maurice Chevalier. Und der Dichter Friedrich Hebbel meinte zum Altern nur:

„Man altert nur von 25 bis 30. Was sich bis dahin erhält, wird sich wohl auf immer erhalten."

Dem kann ich nur zustimmen.

Heute, mit 60, erscheint mir die Zeitspanne seit dem 20. Geburtstag im Rückblick doch ganz erheblich geschrumpft. Wie sagte doch so richtig der Maler Thomas Niederreuther dazu?

„Ein Mann mit 30 steht einem mit 50 näher als einem mit 20."

Kein Eindruck von Lichtjahren mehr. Das mag daran liegen, dass uns die ersten Lebensjahrzehnte viel länger erscheinen als die Jahre danach. Mit steigendem Alter geht die Zeit tatsächlich viel schneller vorbei. Warum eigentlich?

Nun, ich erkläre mir das so: Ein Weg, den wir nicht kennen und zum ersten Mal gehen, erscheint uns ja auch länger als dann der Rückweg. Der ist bekannt, von dem wissen wir, was uns erwartet.

So ähnlich muss das mit den Lebensjahren sein und mit den Wegen, die wir da gehen. Mit zunehmendem Alter wissen wir eben immer besser, was das Leben wohl noch bringen wird. Vieles kennen wir ja auch schon aus eigener Erfahrung. Und so vergeht die Zeit bedauerlicherweise rasant schnell.

Der 60. Geburtstag ist ein ziemlicher Einschnitt. Jedenfalls für mich. Aber wie ist das für euch, für die, die mich kennen?

Ich wage zu vermuten, ja, ich bin mir sogar ganz sicher, dass sich für diese Leute an mir überhaupt nichts geändert hat. Ich bin noch derselbe, der ich mit 59 war, der ich gestern oder im letzten Jahr war.

Das bedeutet, dass es ja eigentlich nur darum geht, diese Zahl – ich möchte schon fast sagen, diese optische Täuschung – persönlich zu akzeptieren. Denn nichts ist anders als mit 59 oder den Jahren davor.

So nehme ich die Zeit eben, wie sie kommt, und suche darin das Beste. Und die Zeit, das wissen wir seit Einstein, ist relativ. Das heißt, der Blickwinkel macht's aus, von dem aus wir die Zeit betrachten.

Und so möchte ich heute, an meinem 60. Geburtstag, ein Versprechen abgeben: Es wird sich nichts ändern, bloß weil nun eine Sechs am Anfang der Altersangabe steht. Und dieses Versprechen richte ich dabei vor allem an mich selbst. Denn ich werde mich wohl noch lange wie 59 oder sogar noch ein bisschen jünger fühlen.

Und nun, liebe Freunde, liebe Gäste, lasst uns den Tag so feiern, wie es sich für diesen Anlass gehört: ein für mich denkwürdiger Tag, aber doch auch ein Freudentag und ein Tag der Dankbarkeit an all die Weggefährten, die heute hier versammelt sind. Lasst uns anstoßen!

Rede zum 70. Geburtstag der Mutter

Liebe Gäste, liebe Mutter!

Victor Hugo, der französische Schriftsteller, sagte einmal:

„Ein Kompliment ist ein Kuss durch einen Schleier."

Schöner könnte ich es nicht ausdrücken, denn in diesem Sinne ist es heute endlich einmal an der Zeit, dass dir, liebe Mutter, deine Tochter – ganz offiziell sozusagen – die Reverenz erweist. Schließlich habe ich ja lange genug von deiner Fürsorge profitiert.

Siebenmal zehn Jahre hast du nun hinter dich gebracht. Damit überschreitest du eine Schwelle, die selbst heute in unserer vergleichsweise langlebigen Zeit viele Menschen nicht erreichen.

Besonders freut es mich, wie du diese Schwelle überschreitest, nämlich in geistiger Frische wie eh und je. Und das, denke ich, zählt im Leben eines Menschen noch am meisten. So möchte ich dir nun gratulieren, dir alles Gute wünschen, dich auch beglückwünschen zu deinem 70. Geburtstag. Ich glaube, du weißt selbst recht gut, wie sehr mir dieser Glückwunsch von Herzen kommt.

Zum anderen aber möchte ich die Gelegenheit auch nutzen, um dir zu danken. Jeder Mensch hat naturgemäß eine Mutter, und da diese Tatsache uns so normal erscheint, nehmen wir auch die mütterliche Fürsorge quasi als Naturrecht hin. Dabei vergessen wir nur allzu leicht, dass ein Wort des Dankes für diese Fürsorge ab und zu angebracht ist. Dein 70. Geburtstag ist für mich darum die passende Gelegenheit, diese manchmal vernachlässigte Pflicht nachzuholen.

„Worte sind der Seele Bild",
sagt ein deutsches Sprichwort und an unserer Sprache, an den Worten unserer Sprache, wird klar, welche Bedeutung eine Mutter für ihre Kinder hat.

Die „Mutter Erde" beispielsweise als einer der Urbegriffe des Menschen, ein so genannter „Archetyp", ist uns Ursprung. Sie ist uns Nährboden und schließlich wird sie auch unsere letzte Ruhestätte sein. Oder nehmen wir die „Muttersprache". Eine „Vatersprache" gibt es nicht, die ersten Worte, die der Mensch lernt, sind die Worte der Mutter.

Vielleicht bringt sie uns damit auch gleich etwas Mutterwitz bei. Umsichtigkeit mit einem Schuss verschmitzter List, so etwas kann ja nur von der Mutter stammen. Oder, nach einer Definition des französischen Schriftstellers Marie-Joseph Chénier:

„Was ist Witz? Verschmitzt ausgedrückte Vernunft."

Und da erinnere ich mich gleich auch an die Mutterliebe, die wir unser ganzes Leben lang genießen können. Manchmal schießt sie ja etwas übers Ziel hinaus. Das Ergebnis ist dann ein Muttersöhnchen. Seltsam, ein Muttertöchterchen gibt es nicht.

Allerdings wusste der in Liebesdingen erfahrene Goethe schon um die manchmal allzu störende Behütung der Töchter durch die Mutter. Und er wusste auch recht gut, wie sie zu überlisten ist:

„Der Mutter schenk ich, die Tochter denk ich",
reimte er.

Heute begegnet uns dieses Problem wohl weniger. Heute haben wir, so denke ich, ein weniger verkrampftes Verhält-

nis zu unseren Eltern. Ihre Autorität ist nicht mehr furcht-
gebietend wie in früherer Zeit, sondern sie ist auf gegen-
seitiger Achtung aufgebaut. Und dies, liebe Mutter, wollte
ich mit meinen Worten zu deinem Ehrentag zum Ausdruck
bringen.

Der Dichter Gottfried August Bürger schrieb vor zwei Jahrhunderten:

„Was ihr euch, Gelehrte,
Für Geld nicht erwerbt,
Das hab' ich
Von meiner Frau Mutter geerbt."

Ich meine, man kann Dankbarkeit nicht besser ausdrücken,
als mit solchen Worten. Und so schließt sich daran für
mich nur noch der Wunsch: Liebe Mutter, bleib mir, bleib
uns allen noch lange so erhalten, wie du heute bist.

Mit kurzen Sätzen die Zuhörer fesseln

Vermeiden Sie nach Möglichkeit Schachtelsätze und Füll-
wörter. Kompliziert gebaute lange Sätze erfordern von Ihren
Zuhörern eine erhöhte Konzentration, die sie auf einer Feier
im Familien- und Freundeskreis nicht immer aufbringen
möchten. Mit einer bildhaften Sprache ohne ausweichende
Passivkonstruktionen erreichen Sie Ihre Zuhörer am besten.

Rede zum 80. Geburtstag der Mutter

Liebe Familie, liebe Mutter!

Ein 80. Geburtstag in der Familie ist schon etwas ganz Besonderes.

Das Besondere ergibt sich nicht so sehr aus der runden Jahreszahl – denn was soll am 80. Geburtstag schon anders sein als am 79. oder am 81., nicht wahr? Die Ereignisse des Lebens fragen nicht nach der Jahreszahl.

Das Besondere eines solchen Tages ergibt sich in uns selbst. Denn hier wird uns allen einmal ganz eindringlich bewusst, welch gesegnetes Alter die 80 Jahre doch sind – und wie aufgeweckt, wie rüstig ein Mensch dieses hohe Alter noch erleben kann. Darüber freuen wir uns alle.

Denn das wünschen wir uns ja auch selbst fürs Alter: Wir alle wollen alt werden, aber dies möglichst gesund, in geistiger Frische und noch mit der Fähigkeit, am Leben teilnehmen zu können, das Alter eben genießen zu können, dann, wenn wir keine Verpflichtungen mehr haben. Und gerade dies, liebe Mutter, zeichnet dich aus. Du nimmst mit allen Sinnen und mit deinem ganzen Verstand an diesem Leben teil und lässt es dir gut gehen.

Wie sagt uns da doch Goethe?

„Eben weil man alt ist, muss man zeigen,
dass man noch Lust zu leben hat."

Und er wusste, wovon er sprach. Denn auch Goethe erreichte ein hohes Alter. Auch er hat immer seinen wachen Verstand bewahrt. So schrieb er anlässlich seines 80. Geburtstags:

„Ei, bin ich denn darum achtzig Jahre alt geworden, dass ich immer dasselbe denken soll? Ich strebe vielmehr, täglich etwas anderes, Neues zu denken, um nicht langweilig zu werden. Man muss sich immerfort verändern, erneuern, verjüngen, um nicht zu verstocken."

Er stand, so wie du, liebe Mutter, auch im hohen Alter noch mitten im Leben. Dieses „mitten im Leben stehen" mit einem wachen, interessierten Verstand, liebe Mutter, hat für mich persönlich eine ganz besondere Bedeutung. Denn noch immer, so wie in all den vergangenen Jahrzehnten, bist du mir die liebste Gesprächspartnerin.

Noch immer lerne ich daraus fürs Leben – auch wenn mich aus heutiger Sicht nicht mehr viel an Jahren von dir trennt: Genau 20 Jahre – nur 20 Jahre, muss man sagen – bist du älter als ich. Was mir als Kind noch als unüberwindlich viel an Zeit erschien, das ist heute kein besonders großer

Abstand mehr, in einem Alter, in dem ich selbst schon fast 60 Jahre „auf dem Buckel" habe. Das Altwerden hat uns beide schon eingeholt.

(Hier können Sie etwas Persönliches aus der Lebensgeschichte der Jubilarin einfügen wie zum Beispiel:)

Lass mich noch einmal die Geistesgrößen der Geschichte bemühen. Schopenhauer sagt:

„Im Alter gibt es keinen schöneren Trost,
als dass man die ganze Kraft seiner Jugend
Werken einverleibt hat,
die nicht mitaltern."

Dies, liebe Mutter, trifft doch wunderbar auf dich zu. Du hast als Malerin in jüngeren Jahren wie auch heute noch viele Werke geschaffen, die nicht mitaltern, die von deiner Lebenskraft sprechen und die auch nach dir noch lange von dir zeugen werden. Deine Bilder, die ich sehr liebe, können auch in fünfzig Jahren noch von dir, von deinen Fähigkeiten, von deiner Lebenskraft erzählen.

Deine stärkste Seite sind die Farben dieser Bilder. *Alexander von Humboldt meinte:*

„Ich finde das Alter nicht arm an Freuden.
Die Farben und die Quellen dieser Freuden sind nur anders."

Diese Farben in deinen Bildern entsprechen wohl auch deinem jeweiligen Lebensalter. Sie sind Ausdruck deiner Freude am Malen und Ausdruck deiner Freude am Leben. Sie spiegeln dich im jeweiligen Alter, und sie zeigen deine Vielfalt, die ich so sehr schätze. Ich schätze sie in den Bildern und ich schätze sie in den Gesprächen mit dir.

Dafür, liebe Mutter, danke ich dir heute an deinem 80. Geburtstag. Und ich hoffe auf noch viele Jahre der Zwiesprache mit dir.

Ich wünsche dir nun zusammen mit allen hier Anwesenden noch viele Jahre erfüllten Lebens. Mögen dich die körperlichen Gebrechen des Alters nicht allzu sehr stören, sodass dir diese Jahre viel Freude bereiten.

Lasst uns nun die Gläser erheben und mit unserer Jubilarin anstoßen. Auf dein Wohl. Ad multos annos*!

---

* „Ad multos annos" kommt aus dem Lateinischen und bedeutet
„auf viele (weitere) Jahre".

Trauerreden

Rede des Sohnes zum Tod des Vaters

Liebe Mutter, liebe Trauergäste!

Nun haben wir unseren lieben Vater beerdigt. Obwohl wir uns innerlich auf seinen Tod schon seit einiger Zeit vorbereitet haben, ist er doch schwer zu begreifen und zu akzeptieren.

Lange hat Vater an seiner unheilbaren Krebserkrankung gelitten.

Als er erkannte, dass die letzte Zeit seines Lebens vor ihm steht, wollte er dies zunächst nicht wahrhaben. Er schwankte täglich zwischen Wut und Verzweiflung, Resignation und Hoffnung. Es war für uns alle nicht leicht, mit ansehen zu müssen, wie sehr er sich quälte und wie er immer schwächer wurde. Trotzdem versuchten wir, uns nahe zu sein. Wir führten lange und tiefe Gespräche miteinander, in denen wir unsere gemeinsamen guten Erlebnisse noch einmal an unserem inneren Auge vorbeiziehen ließen. Diese Gespräche führten mit dazu, dass Vater ruhiger und ausgeglichener wurde; ja, manchmal wirkte er geradezu heiter. Er war bereit für den letzten Schritt, das konnte man deutlich spüren.

(Hier können Sie Ihre ganz persönlichen Erfahrungen mit dem Verstorbenen einfügen wie zum Beispiel:)

Wenn Vater auch nur 75 Jahre alt geworden ist, so hat er doch jeden Tag gelebt als wäre er der letzte, ganz nach seinem Lebensmotto: Das Leben muss gelebt werden. Wer immer ihm begegnete, ließ sich von seiner Aktivität und Fröhlichkeit mitreißen. Man spürte seine Lust am Leben ganz deutlich. Er bemühte sich, alles von der positiven Seite zu betrachten, und ich weiß nicht, wie oft ich über seinen trockenen Humor lachen musste.

Vaters große Liebe galt, wie ihr wisst, der Natur. Als er noch gesund war, bestand sein Hauptprogramm am Wochenende darin, stundenlang durch Wälder und über Wiesen zu wandern, egal, ob es regnete oder die Sonne schien. Dabei nahm er mich als Kind häufig mit, erklärte mir Blumen und Bäume und machte mich auf das Leben auf dem Waldboden oder auf der Wiese aufmerksam. Ich kann wohl sagen, dass er mir den Blick für die Schönheit der Natur geöffnet hat, aber auch für die dort herrschenden eigenen Gesetze, denen sich der Mensch manchmal beugen muss.

Natürlich hat Vater wie jeder Mensch das eine oder andere tiefe Tal durchwandert. Ich erinnere mich noch, als er eines Abends von seiner Firma nach Hause kam und sagte, dass er wohl in einem halben

Jahr arbeitslos sein würde, seine Firma müsse Konkurs anmelden. Es begann für uns alle eine schwierige Zeit. Vater war oft niedergeschlagen und haderte mit seinem Schicksal. Dennoch verhielt er sich zu uns Kindern auch in dieser Krisensituation nicht anders als sonst. Er zeigte, dass Verantwortungsbewusstsein und Herzenswärme für ihn keine leeren Worte waren. Auch in dieser schwierigen Zeit nahm er uns Kinder mit unseren Ängsten und Sorgen ernst, hörte aufmerksam zu, tröstete oder gab einfühlsam Rat. Er gab uns Geborgenheit und Wärme. Überhaupt, für Vater war die Familie das Wichtigste, und das brauchte er nicht groß zu erklären, das hat er täglich bewiesen.

Könnte er jetzt die große Trauergemeinde sehen, wäre er stolz über die Ehre, die Sie ihm erweisen. Liebe Freunde, ich möchte ihnen herzlich auch im Namen meiner Familie danken, dass sie so zahlreich erschienen sind. Das gibt uns das Gefühl, nicht allein zu sein. Unser Vater wird uns allen sehr fehlen.

Wenn die Stimme versagt

Reden abzubrechen gilt gemeinhin als ungehörig. Eine der wenigen Ausnahmen hiervon ist die Trauerrede. Wenn Ihnen bei einer Rede anlässlich einer Trauerfeier die Stimme versagt, dürfen Sie Ihre Rede mit einer kurzen Entschuldigung abbrechen.

Rede des Sohnes zum Tod der Mutter

(Trauerreden sind oftmals Anlass, um sich der positiven Eigenschaften des Verstorbenen zu erinnern und schöne Erlebnisse mit ihm ins Gedächtnis zu rufen. Hier ein Beispiel für eine Trauerrede auf eine liebe, warmherzige Mutter, die sich an der Natur und den Menschen erfreute.)

Lieber (Name des Vaters), ihr Lieben!

Es ist schwer zu verstehen und kaum zu glauben, dass unsere Mutter nicht mehr lebt. 75 Jahre alt ist sie geworden.

Noch vor zwei Wochen haben wir zusammen einen Spaziergang im Park gemacht und sie hat die laue Frühlingssonne genossen. Ihr wisst ja, dass Mutter eine große Naturliebhaberin war und bei jedem erdenklichen Wetter ins Grüne aufbrach. Sie liebte es, die Natur zu beobachten, wenn im Frühling sich das erste Grün zeigte, die Vögel zu zwitschern begannen oder sich im Herbst das Laub verfärbte. So war sie auch fast in jeder freien Minute in ihrem geliebten Garten, den sie mit Hingabe pflegte, wobei es ihr besonders die Rosen angetan hatten, die unter ihrer Pflege zu wahren Prachtexemplaren heranwuchsen.

Überhaupt war Mutter ein sehr aktiver und geselliger Mensch. Noch bis vor ein paar Jahren spielte sie Tennis und machte viele Reisen. Sie liebte ihren Kegelklub und ihren Literaturkreis. Zu Hause herumsitzen war nicht ihre Sache. Auch in der Kirchengemeinde war sie tätig. Einmal in der Woche ging sie in das evangelische Krankenhaus und setzte sich an das Bett eines Kranken, um sich mit ihm ein wenig zu unterhalten oder um ihm Mut zu machen. Und so kam es manchmal vor, dass ich bei einem Besuch bei Mutter mir fremden Menschen begegnete, die sich mit einem Blumenstrauß bei ihr bedankten.

Einmal erzählte Sie mir, dass aus dem einen oder anderen Krankenbesuch eine tiefe Freundschaft entstanden sei und sie auf diese Art und Weise Menschen gefunden hätte, die ihr Leben bereicherten. Ihr erinnert euch sicher noch an (Name einer Freundin der Mutter). Mutter hatte sie zuerst im Krankenhaus besucht, als (Name dieser Freundin) mit einem komplizierten Beinbruch wochenlang das Bett hüten musste. Die beiden waren fast gleichaltrig und (Name der Freundin) liebte wie Mutter die Natur. Bald machten die beiden mehrmals wöchentlich lange Waldspaziergänge und fuhren auch gemeinsam in den Urlaub. Sicherlich klagte Mutter das eine oder andere Mal über ihr Hüftleiden, mit dem sie sich schon seit Jahren herumschlug. Aber dazu meinte sie nur: „Es gibt Schlimmeres." Genau das verstand Mutter, uns mit auf den Weg zu geben: Sich selber nicht zu wichtig zu nehmen, den Kopf nicht hängen zu lassen und dem Leben das Beste abzugewinnen.

Mutter war wirklich immer da, wenn man sie brauchte, sie war uns Mutter und Freundin zugleich.

Nun ist sie nicht mehr unter uns. Aber wenn wir an sie denken, dann sehen wir einen lieben Menschen vor uns, der auf ein erfülltes Leben zurückblicken konnte, der die großen und kleinen Krisen des Lebens mit Humor meisterte und der uns Kindern eine liebevolle und zärtliche Mutter war. So wollen wir sie immer in unserem Herzen behalten und uns über die Zeit freuen, die wir mit ihr verbringen konnten.

Euch allen sei Dank, die ihr mit mir heute in Liebe, Freundschaft und Respekt (Name der Mutter) gedenkt. In der Stunde des Abschieds von Mutter hilft uns diese Anteilnahme ein wenig, den Schmerz zu ertragen. Mutter ist tot, aber wir wollen nicht trauern, dass wir sie verloren haben, sondern dafür dankbar sein, dass wir sie so lange bei uns hatten.

Rede zum Tod der Mutter

Liebe Familie, liebe Freunde,

genau wie ich könnt auch ihr es sicher noch längst nicht begreifen, dass unsere Mutter, Schwiegermutter, Oma, Tante und Freundin nun nicht mehr bei uns sein kann.

Heute nun sind wir hier zusammengekommen, um uns von unserer Mutter zu verabschieden. Zwar hätte ich euch lieber zu einem anderen Anlass getroffen, doch bin ich froh, dass ihr alle gekommen seid. Es zeigt, wie beliebt unsere Mutter war.

Es ist ja auch kein Wunder, dass unsere Mutter so viele Freunde und Bekannte hatte. Sie war stets fröhlich und freundlich, hatte aber auch immer ein offenes Ohr für die Probleme der anderen.

Ich erinnere mich noch daran, dass ich mich als Kind immer gewundert habe, wie viele Menschen in unserem Haus ein und aus gingen. Heute weiß ich, dass es unsere Mutter war, die viele Menschen angezogen hat. Auch unsere Freunde, die Freunde ihrer Kinder, kamen immer gern zu uns. Unsere Mutter hatte immer Zeit für ein kleines Schwätzchen – vielen unserer Freunde gab sie darüber hinaus gute Tipps, wenn sie sich mal wieder in der

Zwickmühle befanden. Aber auch im Trösten war sie eine Meisterin: Wenn es uns Kindern nicht gut ging, weil wir Probleme in der Schule oder mit unseren Freunden hatten, nahm sie uns einfach in den Arm, sagte ein paar Worte und schon sah die Welt gleich viel freundlicher aus. Sogar über unseren Liebeskummer konnten wir mit unserer Mutter reden – eine Seltenheit, wie mir Freunde mitteilten.

Später dann, als wir älter wurden und aus dem Haus gingen, wussten wir, dass wir immer zu ihr kommen konnten – egal, wie alt wir auch sein mochten und aus welchen Gründen wir sie besuchten. Sie gab uns stets das Gefühl, dass wir einen sicheren Hafen hätten, den wir anlaufen könnten, wenn um uns herum der Sturm tobt. Sie gab uns außerdem das Gefühl, ohne Wenn und Aber geliebt zu werden. So war es kein Wunder, dass wir Kinder uns nie allzu weit von ihr entfernten.

Umso schmerzlicher ist es nun, dass sie so rasch sterben musste. Sie hatte noch so viel vor. Erst vor Kurzem wurde ihr zweites Enkelkind geboren, und sie wollte ihm vieles zeigen, genauso natürlich ihrem ersten Enkelkind. Es ist unendlich traurig, dass sie das alles nun nicht mehr erleben kann. Außerdem war sie ja noch gar nicht alt – 73 Jahre sind heute nun wirklich kein Alter. Doch wie sagt ein altes Sprichwort?

„Wen die Götter lieben, den holen sie früh zu sich."

Allerdings – und das tröstet mich ein wenig – war ihr Tod genauso, wie sie ihn sich immer vorgestellt und gewünscht hat. Sie hat sich nicht lange quälen müssen. Dieser Wunsch ist ihr erfüllt worden. In jedem Fall ist dieser Gedanke für mich äußerst tröstlich.

Natürlich werden wir unsere Mutter nie vergessen. Ein Teil von ihr wird immer in uns weiterleben, solange wir an sie denken.

Lasst uns diesen Teil auch weiterhin bewahren. Heute jedoch wollen wir uns gegenseitig etwas Trost spenden, auch wenn es schwerfällt. Lasst es uns zumindest versuchen! Vielleicht hilft uns dabei folgender Vers von Heinz Kahlau:

„Wenn der Mensch eine Mutter hätte,
die ihn aufnimmt am Ende,
wie eine Mutter ihn hergab am Anfang –
wie leicht wär der Tod."

Trauerrede eines Freundes der Familie

Liebe (Name der Witwe),

(Name des Verstorbenen) ist nun tot. Du wusstest, dass die Krankheit, an der (Name des Verstorbenen) litt, ihm nur noch eine begrenzte Zeit zum Leben ließ. Deshalb warst du zumindest teilweise auf seinen Tod vorbereitet. Doch selbst wenn man weiß, dass ein geliebter Mensch nicht mehr lange leben wird, hat man immer noch ein Fünkchen Hoffnung, dass der Tod noch auf sich warten lässt. Umso schlimmer ist es, wenn er dann doch eintritt.

Wir alle wissen, wie sehr du (Name des Verstorbenen) geliebt hast, und wie schwer es nun für dich ist, dein Leben ohne ihn weiterzuführen. Lass dir deshalb eines versichern: Wir, deine Freunde, werden immer für dich da sein.

Vielleicht gibt es dir ein wenig Trost, dass (Name des Verstorbenen) nun endlich von seiner Qual erlöst wurde. Wir alle wissen, was für eine schwere Zeit er hinter sich hat. Vor fünf Jahren die erste Operation, dann die schwere Chemo- und Strahlentherapie und dann, als das alles nichts genützt hat, die zweite Operation, von der sich (Name des Verstorbenen) nie wieder so richtig erholen sollte. Auch wenn er es uns nie so direkt gezeigt hat, (Name des Verstorbenen) muss zum Teil ungeheure Schmerzen gehabt haben.

Erschwerend kam sicherlich auch hinzu, dass er in jede neue medizinische Behandlung große Hoffnung setzte, diese jedoch immer enttäuscht wurde. So etwas kann zu einer großen seelischen Belastung werden.

Ich war dennoch stets erstaunt, wie gut er mit seiner Krankheit zurechtkam. Gegenüber seinen Freunden hat er nie geklagt – es hatte den Anschein, als hätte er seine Krankheit angenommen. Angst jedoch, das gestand er mir wenige Wochen vor seinem Tod, hatte er immer davor, was du, liebe (Name der Witwe), wohl machen würdest, wenn er einmal sterben würde.

Er gestand mir, dass ihm nichts so schwer fällt, wie dich hier zurücklassen zu müssen. Er bat mich darum, dich in diesen Tagen so gut wie möglich zu unterstützen und für dich da zu sein. Diesem Wunsch komme ich natürlich gern nach, wenn auch du bereit bist, meine Hilfe anzunehmen.

Natürlich fällt es auch mir – und bestimmt allen, die ihn kannten – schwer, sich ein Leben ohne (Name des Verstorbenen) vorzustellen, andererseits war es sein Wunsch, dass wir den Kopf nicht allzu sehr hängen lassen. Er hat den Tod angenommen, ihn vielleicht sogar erwartet – wenn auch nicht mit Freude, so doch wenigstens mit einer gewissen Erleichterung. Wenn wir, liebe (Name der Witwe), daran denken, sollte uns das eigentlich helfen, den Tod von (Name des Verstorbenen) ebenfalls anzunehmen.

Natürlich ist es für die Hinterbliebenen immer leichter gesagt als getan, den Tod eines lieben Menschen zu akzeptieren – schließlich müssen wir mit dem Schmerz leben, diesen Menschen nie wiederzusehen, nie wieder sprechen oder lachen zu hören. Und überall finden sich Erinnerungen, die die schmerzliche Wunde neu aufreißen. Doch den Tod eines geliebten Menschen anzunehmen, bedeutet nicht, diesen Menschen zu vergessen. Wir sollten akzeptieren, dass der Tod Teil des Lebens ist, und uns mit Freude an die Zeit erinnern, die wir mit dem geliebten Menschen verbringen durften.

Nach und nach – so hoffe ich – werden die Erinnerungen an schöne Zeiten mit (Name des Verstorbenen) die Schmerzen überdecken. Irgendwann wird der Zeitpunkt kommen, an dem wir zwar mit Wehmut, doch auch mit Freude an (Name des Verstorbenen) und die Erlebnisse mit ihm zurückdenken. Wir werden froh sein, dass wir sowohl gute als auch schwere Stunden mit ihm teilen durften.

Du, liebe (Name der Witwe), trägst die Hauptlast an Schmerz und Trauer. Wir, deine Freunde, werden versuchen, dir zu helfen, diesen großen Verlust zu verarbeiten. Wir sind für dich da.

Sie dürfen sich wiederholen

Was als schlechter Schreibstil gelten würde, ist bei Reden durchaus erwünscht: Wiederholungen. Gezielt eingesetzt, dient dieser rhetorische Kunstgriff dazu, Gedanken besonders hervorzuheben. Neben der einprägsamsten Variante, der wortwörtlichen Wiederholung des Gesagten, gibt es noch die Möglichkeit, bei der Wiederaufnahme sinnverwandte Wörter, also Synonyme, zu wählen.

Rede des Enkels zum Tod der Großmutter

(Als Motiv für eine Trauerrede ist es möglich, die Leidensgeschichte des Verstorbenen zu erzählen und sich an frühere gemeinsame Erlebnisse zu erinnern. Hier ein Beispiel:)

Ihr Lieben!

Unsere geliebte Oma ist tot. 80 Jahre alt ist sie geworden. Im vorigen Monat noch haben wir ihren Geburtstag ausgelassen im großen Familienkreis gefeiert, und sie wirkte so rüstig und munter, dass man den Eindruck hatte, sie würde bestimmt 100 Jahre oder noch älter werden. Genau das glaubte sie wohl auch selber, jedenfalls meinte sie an ihrem Geburtstag scherzhaft: „Ich werde euch alle noch überleben." Dabei lachte sie herzlich und ihre Augen funkelten.

Leider ist nun alles anders gekommen. Als Oma vor zwei Wochen den zweiten Schlaganfall bekam, sah es zuerst so aus, als ob sie sich schnell wieder erholen würde, so wie nach dem ersten Schlaganfall vor fünf Jahren. Jedoch warnten uns die Ärzte gleich vor zu großen Hoffnungen: Ihr Zustand sei nicht gut und man müsse mit dem Schlimmsten rechnen.

Als wir Oma dann besuchten, konnte sie sich nicht mehr bewegen und nicht mehr sprechen. Dennoch hatte ich das Gefühl, dass sie merkte, wenn jemand an ihrem Krankenbett saß und dass sie sich darüber freute. Irgendetwas in ihrem Blick schien zu sagen, schön, dass ihr gekommen seid, kommt bald wieder.

Unsere Oma war eine Oma, wie sie im Buche steht. Ich kann mich noch an viele Besuche in den Schulferien bei ihr erinnern. Auf jeden Besuch freute ich mich schon vorher wochenlang. Welche Entdeckungsreisen habe ich im großen Obst- und Gemüsegarten gemacht, wie oft habe ich im Sommer mit ihr zusammen auf einer großen Decke im Schatten des Kastanienbaumes gesessen. Oma hat mir Geschichten aus „Tausendundeiner Nacht" vorgelesen, und ich habe geträumt. Dazu gab es Kirschkuchen und leckere heiße Schokolade. Oft kamen auch die Kinder aus der Nachbarschaft, und wir verbrachten manchen Nachmittag auf der Wiese.

Überhaupt war Oma eine wunderbare Köchin und das war überall bekannt. Natürlich durfte ich bei meinen Besuchen immer Wünsche äußern, was den Mittagstisch betraf. Wie liebte ich ihre Apfelpfannkuchen und ihre Spätzle mit Sauerbraten. Oftmals saßen wir in großer Runde mit Kindern aus der Nachbarschaft zusammen und genossen die herrlichen Speisen, manchmal im Übermaß, das muss ich zugeben.

Nun ist Oma von uns gegangen, ganz leise und friedlich. Wir alle sind sehr traurig, dass sie nun nicht mehr da ist. Aber ein Trost bleibt uns. Oma hat sich immer gewünscht, das wissen wir, in ihrer letzten Stunde mit uns zusammen zu sein. Und genauso ist es geschehen. Wir haben ihr am Ende ihres Lebens beigestanden, haben an ihrem Bett gesessen und gehofft, ihr damit ein wenig geholfen zu haben. Unsere liebe Oma hat wohl gespürt, dass es zu Ende ging. Kurz bevor sie die Augen schloss, hat sie uns noch einmal alle einzeln liebevoll angesehen, als wolle sie sagen, nun seid doch nicht so traurig.

Wie ihr wisst, glaubte Oma, dass mit dem Tod nicht alles vorbei ist, sondern dass es noch ein Leben danach gibt. Deshalb war sie überzeugt, Opa, der bereits einige Jahre vor ihr gestorben ist, im Leben nach dem Tode wiederzusehen. Dieser Gedanke hat sie oftmals getröstet und wieder aufgerichtet.

Wenn wir uns nun von Oma verabschieden müssen, so mit der Gewissheit, dass sie uns sehr viel hinterlassen hat – ihre Gedanken und Überzeugungen. Wenn von alledem wenig weitergetragen wird, dann handeln wir mit Sicherheit in ihrem Sinne.

Rede zum Tod des Großvaters

(Persönliche Erinnerungen an Erlebnisse mit dem Verstorbenen sind vielfach der Schwerpunkt von Trauerreden. Aber auch seine Lebensgeschichte kann zum Inhalt gemacht werden. Alles, was die Hinterbliebenen tröstet, ist geeignet, um vorgetragen zu werden.)

Liebe Familie, liebe Trauergäste,

so jemanden wie unseren Opa gibt es nicht wieder. Sein Tod hat eine große schmerzhafte Lücke in unserer Familie und auch in seinem Freundeskreis hinterlassen. Es wird lange dauern, bis diese Lücke zumindest ein wenig kleiner wird. Völlig geschlossen werden kann sie jedoch niemals.

Vor 80 Jahren kam er auf die Welt, unser Opa. Er war – wie er es uns immer erzählte – zwar kein Wunschkind, doch hatte er eine außergewöhnlich schöne Kindheit mit vielen Freiheiten. Seine Eltern liebten ihn heiß und innig und zeigten ihm ihre Liebe, was im Übrigen in der damaligen Zeit gar nicht so üblich war. Opa wuchs wohl behütet auf. Dann kam allerdings der Zweite Weltkrieg. Unser Großvater musste Soldat werden. Glücklicherweise – so muss man heute sagen – wurde er durch den Splitter einer Granate am Bein so schwer verletzt, dass er nach Hause geschickt wurde und auch später nicht mehr an die Front musste.

Kurz vor Ende des Kriegs lernte er dann seine spätere Frau kennen. Es war, wie er immer sagte, Liebe auf den ersten Blick. Wenige Monate später heirateten sie. Sie begannen sich eine gemeinsame Zukunft aufzubauen. Opa fand eine Stelle in einer Maschinenfabrik, Oma konnte nicht mehr allzu lange arbeiten, weil sie schon sehr bald ihr erstes Kind erwartete.

Auch die Kinder unserer Großeltern wuchsen in einer Atmosphäre der Liebe auf. Das jedenfalls hat unser Vater uns immer berichtet. Opa gelang es, die Wärme und Zuneigung, die er als Kind erhalten hatte, auch an seine Kinder weiterzugeben.

Das private Glück hatte anscheinend auch Auswirkungen auf die berufliche Karriere unseres Großvaters: Bald schon stieg er zum Abteilungsleiter der Firma auf, in der er arbeitete. Doch trotz seiner vielen Arbeit nahm er sich immer

Zeit für die Familie. Ich erinnere mich noch gut daran, dass er immer sagte:

„Das Wichtigste im Leben ist und bleibt das Glück, das man im Kreis seiner Lieben empfindet."

An diese Maxime hielt er sich bis zum Schluss, denn auch uns Enkel ließ er immer spüren, wie sehr er uns mochte.

Ich bin sicher, dass auch all seine Freunde von seiner warmen, herzlichen Ausstrahlung profitierten. Überall, wo er hinkam, verbreitete er einen ansteckenden Optimismus – doch nicht nur das. Er stand seinen Freunden auch in schwierigen Situationen stets mit Rat und Tat zur Seite. Immer hatte er ein offenes Ohr für die Probleme anderer und versuchte zu helfen, wo er nur konnte.

Auch in den letzten Jahren, als es ihm gesundheitlich nicht mehr gut ging, bewahrte er sich seinen unerschütterlichen Optimismus und seine Lebensfreude. Er sagte immer, dass er – egal, was jetzt noch kommen würde – auf ein erfülltes, zufriedenes Leben zurückblicken könne, und das sei doch mehr, als viele andere von sich sagen könnten.

Umso schwerer fällt uns allen nun der Abschied von Opa. Auch wenn wir wussten, dass sein Leben nun bald ein

Ende haben würde – wahrhaben wollte das keiner von uns so richtig. Dennoch sollten wir zum Trost an seine Worte denken. Er sagte einmal: „Wenn ein Leben gelebt ist, ist es auch gut, wenn es zu Ende geht." Ich bin sicher, dass er diese Worte auch auf sich und sein Leben bezog und dass er gar nicht so traurig bei dem Gedanken war, bald sterben zu müssen.

Das, was wir nun für unseren Opa noch tun können, ist, ihn in Erinnerung zu behalten und vielleicht ein wenig von der Liebe weiterzugeben, mit der er uns geradezu überschüttet hat. Damit wird er in uns allen auch nach seinem Tod noch weiterleben.

Reden für Familientreffen

Rede zum zwanglosen Familientreffen

Liebe Verwandte, liebe Familie!

Da wir nun vollzählig sind und alle ihren Platz eingenommen haben, möchte ich euch zunächst ganz herzlich willkommen heißen. Ich freue mich sehr, dass ihr meiner Einladung gefolgt seid und wir nun nach langer Zeit wieder ein zwangloses Treffen im Kreis der Verwandten auf die Beine gestellt haben. Man soll die Feste feiern, wie sie fallen – also feiern wir heute ein Fest ohne besonderen Anlass, ohne runden Geburtstag, ohne Hochzeit oder Kindstaufe.

Ich danke euch für den Aufwand, den ihr für dieses Treffen getrieben habt. So einige mussten doch einen ganz schön langen Weg auf sich nehmen. Ich habe mir einmal – spaßeshalber – die Mühe gemacht auszurechnen, wie viele Kilometer da insgesamt anfallen: Mehr als 3 350 Kilometer habt ihr zusammen zurückgelegt.

Daran sehen wir, wie weit entfernt voneinander doch die Mitglieder unserer Familie wohnen. Und da ist noch nicht einmal ein Auswanderer dabei!

Das heutige Fest dient dazu, dass wir uns nicht aus den Augen verlieren. Wir haben nun Gelegenheit zu sehen, was die anderen in den letzten Jahren so gemacht haben, wie ihr Leben verlaufen ist. Wir können uns vergleichen und daraus sicherlich auch eine ganze Menge für uns selbst lernen.

Ein jeder kann sicherlich auf Erfolge und Misserfolge zurückblicken, auf Momente, in denen Klippen umschifft, Hürden bewältigt und Ziele erreicht wurden. Jeder und jede hat so seine eigenen persönlichen Freuden erlebt, Leistungen vollbracht, auf die er oder sie auch stolz sein kann. Aus China stammt der Satz:

„In einer friedlichen Familie kommt das Glück von selber.“

Auch wenn Glück, wie ich glaube, ein sehr flüchtiges Ereignis ist. Es dauert immer nur kurze Augenblicke. Noch schöner ist da doch die Zufriedenheit, die viel länger anhält und die dann oft auch noch Platz bietet für Augenblicke des Glücks. Wie schrieb da doch Theodor Fontane?

„Gott, was ist Glück! Eine Grießsuppe, eine Schlafstelle und keine körperlichen Schmerzen – das ist schon viel.“

Einer dieser erfreulichen Augenblicke ist sicherlich auch so ein Familientreffen, wie wir es uns heute gönnen. Dass sich so viele auf den Weg gemacht haben, die Strapazen der langen Reise nicht gescheut haben, ist für mich ein Zeichen dafür, dass in unserer Familie die so genannte „Chemie" noch stimmt. Es zeigt die Verbundenheit unter uns, die trotz der weiten Entfernungen sehr groß ist.

Denn so selbstverständlich ist es ja heute nicht mehr, dass sich die Mitglieder einer Familie einfach einmal ohne großen Anlass zusammenfinden. Das zeugt von Familiensinn und dem Gefühl des Zusammengehörens. Wir verfügen damit über einen Schatz, um den uns sicherlich viele andere beneiden würden – wenn sie davon wüssten. So wie Jean-Jacques Rousseau schrieb:

„Der Reiz des Familienlebens ist das beste Gegengift gegen den Verfall der Sitten."

Wobei ich natürlich nicht meine, dass wir ohne solche Familientreffen alle Rowdys wären! Vielleicht können wir ja schon heute überlegen, wann und wo wir uns wieder treffen? Denn große Familientreffen waren bei uns in der Vergangenheit nicht immer die Regel. Schade eigentlich, denn wie ich sehe, seid ihr schon alle ganz ungeduldig und habt euch viel zu erzählen. Davon möchte ich euch, uns alle, nun nicht länger abhalten.

Und so stoßen wir zum Auftakt an: auf uns, auf dieses Familientreffen und auf eine fröhliche Runde!

Der erste Satz

Jeder kennt die Situation: Der Redner möchte mit dem Vortrag beginnen, aber ihm versagt die Stimme. Es ist nur ein undeutliches Krächzen zu hören. Dieser „Fehlstart" wäre mit einem denkbar einfachen Trick leicht vermeidbar: Räuspern Sie sich deutlich, und atmen Sie einmal ganz tief durch. Wenn dies nicht möglich sein sollte, weil Sie damit die Anwesenden stören würden, hilft es nur, einen Schluck Wasser zu trinken. Das wirkt zwar nicht ganz so gut, ist aber ebenfalls hilfreich.

Rede zum jährlichen Familientreffen

(Für eine Rede zum Familientreffen bietet es sich an, amüsant und kurz die Familiengeschichte zu erzählen und auf die Gemeinsamkeiten dieser besonderen Gruppe hinzuweisen. Das Erinnern an eine gemeinsame Vergangenheit fördert das Zusammengehörigkeitsgefühl und ist somit ein perfekter Einstieg für eine gelungene Feier. Die folgende Rede bezieht sich auf die fiktionale Geschichte der Familie Fischer und dient als Beispiel und Anregung für die Beschreibung der eigenen Familiensaga.)

Ihr Lieben!

Herzlich willkommen zu unserem Familientreffen. Ich freue mich, dass ihr euch die Zeit genommen habt, in unsere schöne Stadt zu kommen, zumal manch einer eine sehr weite Anreise auf sich nehmen musste wie zum Beispiel Tante Ulla, die extra aus München anreiste oder mein Bruder Karl aus Hamburg.

Bevor ich mich mitten unter euch an diese wunderschön gedeckte Tafel setzte, habe ich doch einmal nachgezählt. 21 sind wir heute, das ist eine stolze Fischer-Zahl. Und wenn Monika und Wolfgang noch hier wären, dann wären wir 23. Übrigens lassen die beiden aus Südspanien grüßen und haben fest versprochen, beim nächsten Familientreffen mit dabei zu sein. Dass wir in dieser netten Runde zusammensitzen, verdanken wir meinem Mann Jürgen. Er hatte an seinem letzten Geburtstag die Idee, dass wir uns einmal im Jahr treffen sollten, und zwar immer rundum. Jedes Jahr bei einem anderen „Fischer". Gesagt, getan. Jürgen war es auch, der dann alle Fischers angeschrieben hat, und wie ihr seht, ist die Resonanz groß. Jürgen meinte, und so denke ich auch, Familienbande solle man gut pflegen. Wir alle haben schließlich einen gemeinsamen Stammbaum, der weit bis in das letzte Jahrhundert zurückreicht. Denkt doch an den damals noch jungen Adalbert Fischer aus Köln, der 1850 zusammen mit seiner frisch angeheirateten Frau nach Amerika auswanderte, dort als Kellner in einem kleinen Restaurant anfing und später selbst ein renommiertes Restaurant besaß. Schon nach fünf Jahren sehnte er sich nach Deutschland zurück. Kurzerhand nahm er seine hochschwangere Frau und machte sich mit ihr auf den Weg. Nur wenige Tage später gebar seine Frau in Deutschland den gesunden kleinen Edgar Fischer. Es ist gut, dass das in Deutschland geschah, sonst säßen wir Fischers womöglich heute alle in Amerika – obwohl das sicher auch ganz interessant wäre.

Liebe Fischers, gerade in unserer Zeit, in der das soziale Klima immer kälter wird, der Arbeitsplatz oft gefährdet ist und der Trend zum Individualismus steigt, meine ich, dass wir zusammenhalten sollten. Wir müssen uns wieder auf unsere verwandtschaftlichen Bande besinnen und uns gegenseitig unterstützen und helfen, wann immer das notwendig ist.

Vielleicht sollten wir uns unsere Gerda Fischer aus Dortmund zum Vorbild nehmen, die vor 30 Jahren im Alter von 81 Jahren starb. Gerda war eine Frau mit dem Herzen am rechten Fleck, die Kindern gegenüber eine schier unendliche Geduld aufbrachte. Gerda war eine typische Westfälin. Sie wusste, was sie wollte, und wenn sie ihre Meinung äußerte, dann wählte sie bewusst die Worte. Was sie sagte, war wohl überlegt und hatte Hand und Fuß. Genau deshalb kam man gerne zu Gerda, um sich Rat zu holen oder um sich trösten zu lassen. Gerda hatte Lebenserfahrung, sie konnte gut zuhören, und auf sie war Verlass.

Diese Fähigkeiten hat sie an ihre Familie weitergegeben, damit sie gepflegt und immer weiter verfeinert werden.

Genau deshalb sind wir jetzt hier auch zusammengekommen: Wo könnte besser über gemeinsame Interessen und

Erfahrungen, Erlebnisse und Pläne geredet werden, als bei einem Familientreffen?

Also nutzen wir die Zeit, um wieder ein wenig näher zusammenzurücken. Wie heißt es doch so schön? Gemeinsam sind wir stark!

Tischrede des Gastgebers zum festlichen Abendessen

Liebe Gäste!

„Ein Leben ohne Feste ist wie ein langer Weg ohne Einkehr", meinte bereits der griechische Philosoph Demokrit. Dem kann ich nur zustimmen: Feste mit guten Freunden gehören zu den Sternstunden des Lebens!

Deshalb heiße ich euch auch heute herzlich willkommen. Ich möchte euch sagen, wie sehr ich mich freue, dass ihr alle heute Abend hier erschienen seid, um mit uns Speis und Trank und gute Unterhaltung zu teilen.

Einige von uns kennen sich seit Langem. Sie haben bereits im Kindergarten miteinander gespielt.

(Hier sollten Sie die Namen der betreffenden Gäste nennen und sie bitten, sich kurz zu erheben.)

Ich gehöre der mittleren Gruppe an, die nach der Schulzeit dazugekommen ist. Fast gleichzeitig mit mir gesellten sich (*Namen der betreffenden Gäste*) hinzu.

In den letzten Jahren sind weitere Freunde hinzugekommen. Sie wurden ebenfalls herzlich mit in unseren Kreis aufgenommen und haben viele neue Impulse eingebracht.

(*Hier können Sie Persönliches einfügen, wie zum Beispiel:*)

Was machten wir ohne Sarah, die uns das Golfspielen näherbrachte? Wo wären wir ohne Wolfgang, der einige von uns zum Fitnessclub überredete? Ganz zu schweigen von Alexandra, unseres jüngsten „Neuzuganges" die unseren Literaturzirkel gründete?

Liebe Freunde, heute Abend wollen wir keinen Sport, auch keinen Denksport, treiben, sondern ausgiebig den Freuden des Gaumens frönen. Wir haben ein kleines Büfett vorbereitet und hoffen, dass es euch richtig gut mundet. Zum Abschluss haben wir uns eine kleine Überraschung ausgedacht. Lasst euch deshalb ein kleines Eckchen im Magen frei. Das Dessert wird später serviert.

Wer rauchen möchte, für den steht auf der Terrasse ein Tisch mit Stühlen und Aschenbechern bereit. Auch Nichtraucher dürfen selbstverständlich die Terrasse und den Garten nutzen.

Ganz zum Schluss des Abends möchten wir euch um einen kleinen Eintrag ins Gästebuch bitten. Ein Stift liegt bereit.

Doch nun zurück zum Beginn des Festes: Das Büfett ist hiermit eröffnet. Ich erhebe mein Glas auf unser aller Wohl und wünsche allen einen wirklich guten Appetit.

Begrüßungsrede zur Silvesterfeier

Liebe Freunde!

Bald ist es so weit. Das neue Jahr klopft bereits an. Nur noch eine halbe Stunde und das alte Jahr verabschiedet sich, um dem neuen Platz zu machen. Jetzt wollen wir uns ein wenig Zeit nehmen, um Bilanz zu ziehen. Wie war das alte Jahr? Können wir mit ihm zufrieden sein? Im Großen und Ganzen gesehen können wir uns über das alte Jahr nicht beschweren, nicht wahr? Wenn ich euch so betrachte, seid ihr doch alle gesund geblieben, abgesehen von kleinen Wehwehchen hier und da. Das ist doch schon etwas ganz Besonderes. Sicher, Elke hatte sich beim Skilaufen ein Bein gebrochen, aber das ist alles schon längst vergessen. Wie leicht übersieht man doch, dass die Gesundheit im Leben die wichtigste Rolle spielt, wie selbstverständlich erwartet man, dass der Körper immer einwandfrei funktioniert.

Auch beruflich hat sich nicht viel verändert. Alle, die wir hier sitzen, sind in Lohn und Brot, einige sind sogar auf der Karriereleiter eine Stufe hinaufgefallen. In diesen schwierigen Zeiten ist das eine erfreuliche Tatsache, die wir eigentlich gar nicht hoch genug einschätzen können. Da lässt es sich verschmerzen, wenn die übliche Gehaltserhöhung in diesem Jahr etwas kleiner ausgefallen oder sogar ganz ausgeblieben ist.

(Hier können Sie persönliche Anmerkungen zum alten Jahr einfügen wie zum Beispiel:)

Was hat das alte Jahr unseren Kindern gebracht? Sie haben sich alle prächtig weiterentwickelt; von Noten und Zeugnissen will ich heute nicht reden. Was gab es noch? Rita hat ein Baby bekommen, einen Jungen, und wie man hört, ist es natürlich das aufgeweckteste Kind auf Erden. Und Marcus, der ewige Single, hat tatsächlich im Juni geheiratet. Ich glaube, niemand hätte gedacht, dass dieser überzeugte Junggeselle den Schritt zum Traualtar wagen würde. Er selbst hatte jahrelang betont, wie glücklich er als Single sei und dass er seine Freiheit nie und nimmer aufgeben würde. Dann auf einmal verkündete er: „Ich heirate!" Ich kann ihn übrigens durchaus verstehen. Als ich seine reizende Auserwählte kennenlernte, kam ich nicht umhin festzustellen: Marcus, du bist ein Glückspilz, das hast du gut gemacht. Und wie man hört, leben beide immer noch wie in den Flitterwochen zusammen — glücklich und zufrieden.

Last, but not least hat uns das alte Jahr mit dem Wetter verwöhnt als Ausgleich zu dem verregneten Vorjahr. Wann hatten wir zuletzt einen so sonnigen und warmen Sommer und Herbst wie in diesem Jahr? Da fällt das eine oder andere verregnete Wochenende nicht ins Gewicht. Unter dem Strich war es also ein gutes Jahr, meine ich, und das sollte uns Mut geben, optimistisch in die Zukunft zu blicken.

Noch wissen wir nicht, was das neue Jahr an erfreulichen und weniger erfreulichen Überraschungen für uns bereithält. Und das ist auch gut so. „Et kütt wie et kütt", würde der Rheinländer sagen, ob man will oder nicht. Sicher ist, dass neue Aufgaben auf uns zukommen, die gelöst werden wollen. Vielleicht eilt es auch, eingefahrene schlechte Gewohnheiten und Ansichten zu überprüfen, sich neue Ziele zu setzen und sich ihnen Schritt für Schritt zu nähern. Dabei sollten wir es vielleicht mit dem Dichter Gerhart Hauptmann halten, der den Rat gab:

„Lebe jeden Tag, als ob er dein erster und dein letzter wäre!"

Diese allerletzten Minuten in diesem nun zu Ende gehenden Jahr möchte ich jedoch nicht verstreichen lassen, ohne euch allen zu danken für manchen guten Rat und manche Hilfe in den vergangenen 365 Tagen. Und genau das wünsche ich mir auch für das kommende Jahr. Lasst uns zusammenhalten und uns gegenseitig unterstützen. So sind die kleinen und großen Turbulenzen des Alltags leichter zu bewältigen.

Liebe Freunde, genug der Worte, es ist gleich zwölf Uhr. Auf ein gutes neues Jahr!

Glückwunschgedicht zu Neujahr

Rezeptvorschlag für ein ganzes Jahr

Man nehme zwölf Monate, putze sie ganz sauber
von Bitterkeit, Geiz, Pedanterie und Angst.
Zerlege sie jeden Monat in 30 oder 31 Teile,
sodass der Vorrat genau für ein Jahr reicht.

Es wird jeder Tag einzeln angerichtet,
aus einem Teil Arbeit, zwei Teilen Frohsinn und Humor.
Man füge 3 gehäufte Esslöffel Optimismus hinzu,
1 Teelöffel Toleranz ein Körnchen Ironie, und eine Prise Takt.

Dann wird die Masse sehr reichlich mit Liebe übergossen.
Das fertige Gericht schmückt man
mit einem Sträußchen kleiner Aufmerksamkeiten
und serviert es täglich mit Heiterkeit.

Katharina Elisabeth Goethe,
Mutter von Johann Wolfgang von Goethe

Rede zur Einweihung einer Eigentumswohnung

(Vom Wohnungstraum bis zur wahr gewordenen Traumwohnung — so könnte der Inhalt einer Rede zur Einweihung einer Eigentumswohnung aussehen. Hier ein Beispiel:)

Liebe Freunde!

Wie oft haben wir mit euch darüber gesprochen: von unserem Traum, eine eigene Wohnung zu haben. Mitten im Grünen sollte sie liegen, in ruhiger Lage, aber auch nicht weit von der Innenstadt entfernt. Lange haben wir gesucht. Entweder war die angebotene Wohnung zu groß oder zu teuer oder man hätte sehr weit fahren müssen, um in das Stadtzentrum zu gelangen. Fast hatten wir die Hoffnung schon aufgegeben, als wir eine kleine Anzeige in der Zeitung entdeckten, in der zukünftige Eigentümer für diese damals erst geplanten Häuser gesucht wurden. Ja, es ist noch gar nicht lange her, da haben hier, wo jetzt Häuser stehen, Pferde auf einer grünen Wiese geweidet, und wir brauchten derzeit viel Fantasie, um uns vorstellen zu können, wie unser zukünftiges Heim einmal aussehen würde. Denn als wir die Wohnung kauften, existierte nur der Bauplan.

Doch das hatte auch seine Vorteile. Stein um Stein konnten wir mitverfolgen, wie unsere Wohnung Gestalt annahm. Fast jedes Wochenende pilgerten wir zu der Baustelle und begutachteten die Fortschritte. Natürlich gab es auch kleine Pannen, aber im Großen und Ganzen lief doch alles zügig voran.

Mit dem Architekten besprachen wir Einzelheiten, den Fußbodenbelag zum Beispiel und vieles mehr, sodass wir von Anfang an die Wohnung mitgestalten konnten. Natürlich mussten wir in den letzten Monaten den Geldbeutel eisern geschlossen halten. Unsere geliebten Kino- und Kneipenbesuche wurden weitgehend eingeschränkt und so mancher Theaterabend wurde vor dem heimischen Fernseher verbracht. Auch der Urlaub in diesem Jahr fiel der neuen Wohnung zum Opfer. Doch mit diesem Traumziel vor Augen fiel uns das Sparen nicht sehr schwer. Und so brachten wir die beträchtliche Anzahlung für diese Wohnung doch schneller auf, als wir gedacht hätten.

Den Tag des Einzugs, dem wir aufgeregt entgegenfieberten, werde ich nie vergessen, er war unvergesslich schön. Ich kann mich noch ganz genau an die erste Nacht in der neuen Wohnung erinnern. Wir konnten kaum schlafen, so aufgeregt waren wir. Mitten in der Nacht standen wir auf, um in der Wohnung herumzuwandern und alles zu betrachten. Keine Sorge, mittlerweile hat sich das – Gott sei

Dank — gelegt. Und trotzdem, wenn ich morgens aufwache und zum Fenster hinausschaue in den Garten, freue ich mich immer wieder von Neuem.

Noch riecht man Kleister und Farbe, die neuen Möbel und anderes. Auch ist noch nicht alles am richtigen Platz und manches Möbelstück und Bild muss noch ausgesucht werden. Es wird sicherlich noch einige Zeit dauern, bis wir es so gemütlich haben, wie wir es uns vorstellen. Aber wir konnten es einfach nicht erwarten, euch unsere schöne neue Wohnung zu zeigen und mit euch die Erfüllung unseres Traums zu feiern. Schon komplett eingerichtet ist die Küche, sodass ich den neuen Herd gleich ausprobieren konnte, um für euch heute einen — hoffentlich — leckeren Apfelkuchen zu backen.

Schön, dass ihr gekommen seid, auch wenn wir euch teilweise nur Plätze auf Umzugskisten anbieten können. Lasst uns mit einem Glas Sekt auf dieses Ereignis anstoßen, und das nicht nur heute. Wir hoffen, dass ihr uns noch oft besucht und wir viele Feste hier zusammen feiern können!

Rede des Vaters
zum ersten Auto seines Sohnes

(Wenn Ihr Sohn bereits als Kind Autos liebte, ist es leicht, eine Glückwunschrede auf seinen ersten eigenen Wagen zu halten. In der folgenden Beispielrede können Sie die entsprechenden Textpassagen durch Ihren eigenen Erfahrungsbericht austauschen.)

Lieber (Name des Sohnes), liebe Gäste!

Mit dem heutigen Tage beginnt ein neues Leben, so hast du es vor wenigen Tagen ausgedrückt, und mich dabei stolz wie ein Spanier angesehen. Was du als neues Leben bezeichnest, hat vier Räder und ist rot. Man soll die Feste feiern, wie sie fallen, sagt man. Also feiern wir heute, dass du Autobesitzer geworden bist. Dein erstes Auto war übrigens ebenfalls rot: ein so genanntes Bobbycar, mit dem du bereits als Zweijähriger durch die Wohnung flitztest.

Auch sonst waren Autos deine große Leidenschaft: Ob groß oder klein, rot oder grün, es verging kein Tag, an dem du sie nicht aus deiner Spielkiste hervorkramtest und sie mit entsprechenden Geräuschen auf die Piste, sprich den Fußboden, schicktest. Und wenn man dich fragte, was du dir zum Geburtstag oder zu Weihnachten wünschst, dann kam spontan aus deinem Mund: „Ein neues Auto". So wuchs deine Autosammlung im Laufe der Jahre schnell an.

Als du dann größer warst und nicht mehr mit kleinen Spielzeugautos spieltest, galt deine Begeisterung den großen Autos, das heißt den Autorennen. Im Fernsehen hast du jedes Rennen begierig verfolgt, kanntest jeden Rennfahrer und warst über die Neuigkeiten immer bestens informiert. Aber die Götter der Rennstrecke auf der Mattscheibe zu bewundern, war dir zu wenig, du wolltest sie „live" erleben und bist zu so manchem Rennen gefahren.

Schon damals hast du gesagt: „Wenn ich achtzehn bin, mache ich sofort den Führerschein, und wenn ich das erste Geld verdiene, spare ich auf ein Auto." Und genauso ist es auch gekommen. Als du achtzehn warst, hast du den Führerschein, natürlich in allerkürzester Zeit, gemacht. Das Geld hast du dir bei kleinen Jobs neben der Schulzeit erarbeitet, und einen nicht geringen Obolus haben auch wir beigesteuert. Als du dann deine Lehre begannst, hast du sofort jeden Monat einen Teil deines Lohns beiseitegelegt für dein großes Ziel, ein Auto zu besitzen.

Das Ergebnis sehen wir heute vor uns. Ein kleiner roter Flitzer steht vor der Tür und lädt zur ersten Probefahrt ein. Mein Junge, ich freue mich mit dir, außerdem kann ich mich selbst nur zu gut an mein erstes Auto erinnern. Stolz wie Oskar machte ich meine erste Fahrt, durchaus noch etwas unsicher, das Lenkrad fest in den Händen haltend, den Blick, zugegebenermaßen, etwas starr geradeaus gerichtet. Aber Übung macht den Meister. Mit der Zeit passierte es mir immer weniger, dass ich den Motor an der Ampel abwürgte und auch das Hupen der Autofahrer aufgrund meiner übervorsichtigen Fahrweise ließ langsam nach. Und so wurden mein kleiner R4 und ich mit der Zeit Freunde. Eine Freundschaft aber muss man pflegen. Deshalb schleuste ich mein erstes Auto auch nicht einfach so durch die Waschstraße, wie man das heute macht. Nein, es wurde noch liebevoll am Wochenende per Hand gewaschen und blank poliert. Und als ich mich nach 15 Jahren von meinem ersten Auto trennen musste, ist mir das nicht leicht gefallen.

Nun, mein Junge, das war ein kleiner Autoexkurs deines alten Vaters. Ich bin gespannt, wie es dir mit deinem neuen Wagen ergehen wird. Der erste Test steht ja schon morgen bevor, wenn du mit deinen Freunden in den Italienurlaub fährst. Ich will jetzt nicht den Zeigefinger erheben, aber ein paar Worte möchte ich dir doch auf den Weg geben. Werde ein rücksichtsvoller Fahrer, der immer daran denkt, so zu fahren, dass er weder sich noch andere gefährdet.

Von Herzen wünsche ich dir nun allzeit gute Fahrt!

Langsam reden und Pausen machen

Wer möglichst schnell redet, erweckt den Eindruck, dass er froh ist, wenn er seinen Vortrag beenden kann. Besonders Anfängern passiert diese Ungeschicklichkeit oft. Pausen ermöglichen nicht nur dem Redner das nötige Atemholen, sondern erleichtern auch den Zuhörern das Verständnis. Denken Sie daran: Es ist Ihre Redezeit, nutzen Sie sie. Niemand wird Ihre Rede danach beurteilen, wie schnell Sie ans Ende gelangen.

Rede zum großen Familientreffen

Liebe Verwandte, liebe Familie!

Zur Feier des Tages, zur Feier unseres Familientreffens, lasst mich euch zunächst alle ganz herzlich willkommen heißen. Es freut mich sehr, dass sich so viele Verwandte hier eingefunden haben. Ihr alle seid vermutlich derselben Ansicht, dass es gut und wichtig ist, diese Gelegenheit zu familiärem Austausch zu nutzen.

Um dem Anlass gerecht zu werden, habe ich eine kleine Ansprache vorbereitet. Denn ich denke, so ein Familientreffen ist doch schon etwas Außergewöhnliches. Da sollte es nicht an einer kleinen Rede fehlen, die zu halten zumindest für mich außergewöhnlich genug ist. Und weil ich kein großer Redner bin, habe ich in meiner Zitatensammlung nach diesem und jenem Stichwort gesucht. Beginnen wir mit dem, was ich jetzt tue: Eine Rede halten. Dazu meinte der französische Dichter Stendhal:

„Die ganze Kunst der Rede beruht darauf, dass man ausspricht, was der Zauber des Augenblicks erfordert."

Der Zauber unseres Familientreffens liegt sicherlich darin, dass es die Zusammengehörigkeit in unserer Familie spiegelt. Wie auch anders?

„Die Familie ist die älteste aller Gemeinschaften und die einzige natürliche",

schrieb Jean-Jacques Rousseau in seinem Roman „Der Gesellschaftsvertrag".

Nun ja, man könnte, bezogen auf heutige Verhältnisse, auch sagen: Die Familie ist ein steuerlich begünstigter Kleinbetrieb zur Fertigung von Steuerzahlern. Wenn auch die Steuerbegünstigung nach meinem Geschmack noch etwas deutlicher ausfallen könnte.

Aber es stimmt schon, wie der evangelische Theologe Alexander Vinet meinte:

„Das Schicksal des Staates hängt vom Zustand der Familien ab."

Und so dürfen wir uns heute wohl als eine staatstragende Gemeinschaft verstehen, die nun in ihrer inoffiziellen Versammlung die Bande pflegt und auffrischt, um sie auf lange Zeiten zu sichern und zu erhalten.

Das tun wir natürlich nicht allein des Staates wegen. Genau genommen und um der Wahrheit die Ehre zu geben, tun wir es hauptsächlich wegen uns selbst. Schon Goethe ließ seinen „Reineke Fuchs" sagen:

„Denn zu Zeiten der Not bedarf man seiner Verwandten."

Zeiten der Not erlebt zwar, wie ich hoffe, keiner von uns. Aber auch für kleine Notwendigkeiten ist es doch immer wieder gut, sich auf Verwandte stützen zu können.

Dies scheint mir auch der tiefere Sinn unseres heutigen Treffens zu sein. Wir wollen einfach die Familienbande etwas stärken.

Außerdem meinte schon Karl Kraus:

*„Das Wort ‚Familienbande' hat einen Beigeschmack
von Wahrheit."*

Damit wollte er vermutlich sagen, dass man innerhalb
einer Familie nicht allzu viel verheimlichen kann, alles
kommt irgendwann und irgendwie ans Licht. Das stimmt
wohl umso mehr, je näher wir zusammenrücken.

Wem diese Art von Wahrheit nun Unbehaglichkeit besche-
ren sollte, dem sei mit Georg Christoph Lichtenberg gesagt:

*„Es ist fast unmöglich, die Fackel der Wahrheit durch ein
Gedränge zu tragen, ohne jemandem den Bart zu versengen."*

Da hier niemand einen Bart trägt, ist die Wahrheit also
ganz ungefährlich.

An unserem Familientreffen heute sind drei Generatio-
nen vertreten: Die jüngste Teilnehmerin ist zwei Jahre, die
älteste 79 Jahre alt. Die Älteren geben ihre Erfahrungen
und Lebenseinstellungen an die Jüngeren weiter, und diese
wiederum sollen sie annehmen – aber nicht blind und kri-
tiklos. Das beschäftigte ja schon antike Philosophen und
Redner wie Cicero, der da sagte:

*„Da ich kurz zuvor gesagt habe, unsere Vorfahren
sollten uns zum Muster dienen, so gelte als erste Ausnahme,
dass man nicht ihre Fehler nachahmen muss."*

Von mir zum Beispiel kann man, obwohl ich noch kein Vorfahr bin, lernen, dass ich vieles nicht so eng sehe. Um Gottes Willen nicht nachahmen dagegen sollte man meine Unpünktlichkeit!

Die Vorzüge und Schwächen unserer Verwandten können wir jedoch nur erfahren, wenn wir sie gut kennen, sie sehen, mit ihnen reden. Dazu dient ein Familientreffen wie unser heutiges. Stoßen wir darauf an!

Zitate und Gedichte
für Reden für Familienfeiern

Wie Sie anhand der vorliegenden Reden gemerkt haben, gibt es viele Zitate, an denen man sich gut „festhalten" kann; sie sind besonders geeignet, einen Menschen oder eine Situation zu charakterisieren. Hier eine Auswahl.

Alter

Ich finde das Alter nicht arm an Freuden;
Farben und Quellen dieser Freuden sind nur anders.

Alexander von Humboldt

Es ist ein Merkmal gesetzten Alters,
wenn man von zwei Versuchungen jene wählt,
die es erlaubt,
um neun Uhr wieder zu Hause zu sein.

Ronald Reagan

Jeder möchte lange leben,
aber keiner will alt werden.

Jonathan Swift

Wir werden alt,
wenn die Erinnerung uns zu freuen beginnt.
Wir sind alt, wenn sie uns schmerzt.

Peter Sirius

Alt werden heißt sehend werden.

Marie von Ebner-Eschenbach

Alt werden steht in Gottes Gunst,
jung bleiben, das ist Lebenskunst.

Deutsches Sprichwort

Stärke und Schönheit sind Vorzüge der Jugend,
des Alters Blüte aber ist die Besonnenheit.

Demokrit

Alt sein ist eine herrliche Sache,
wenn man nicht verlernt hat,
was anfangen heißt.

Martin Buber

Bildung

Bildung ist etwas Wunderbares.
Doch sollte man sich von Zeit zu Zeit daran erinnern,
dass wirklich Wissenswertes nicht gelehrt werden kann.

Oscar Wilde

Der Ungebildete sieht überall nur Einzelnes,
der Halbgebildete die Regel,
der Gebildete die Ausnahme.

Franz Grillparzer

Denken ist die Zauberei des Geistes.

George Lord Byron (1788–1824)

Natürlicher Verstand
kann fast jeden Grad von Bildung ersetzen,
aber keine Bildung den natürlichen Verstand.

Arthur Schopenhauer

Die beste Bildung findet ein gescheiter Mann auf Reisen.

Johann Wolfgang von Goethe

Der Kluge lernt aus allem und von jedem,
der Normale aus seinen Erfahrungen
und der Dumme weiß alles besser.

Sokrates

*Der isolierte Mensch vermag sich ebensowenig zu bilden
als der in seiner Freiheit gewaltsam gehemmte.*

Wilhelm von Humboldt

*Dass dein Leben Gestalt,
dein Gedanke Leben gewinne,
lass die belebende Kraft
stets auch die bildende sein.*

Johann Wolfgang von Goethe

Eltern

*Wie die Eltern sind,
wie sie durch ihr bloßes Dasein auf uns wirken,
das entscheidet.*

Theodor Fontane

*Zuerst lieben die Kinder ihre Eltern.
Nach einer gewissen Zeit fällen sie ihr Urteil über sie.
Und selten, wenn überhaupt je, verzeihen sie ihnen.*

Oscar Wilde

*Die Kinder von heute sind Tyrannen.
Sie widersprechen ihren Eltern,
kleckern mit dem Essen und ärgern ihre Lehrer.*

Sokrates

*Selbstlose Überlegungen kommen selten aus dem
Unterbewusstsein,
es sei denn, sie richten sich auf unsere Kinder.*

Bertrand Russell

Familie

Das Familienleben ist ein Eingriff in das Privatleben.

Karl Kraus

Die Familie ist das Vaterland des Herzens.

Guiseppe Mazzini

*Die Familie ist es, die unseren Zeiten nottut,
sie tut mehr not als Kunst und Wissenschaft,
als Verkehr, Handel, Aufschwung, Fortschritt,
oder wie alles heißt, was begehrenswert erscheint.
Auf der Familie ruht die Kunst, die Wissenschaft,
der menschliche Fortschritt, der Staat.*

Adalbert Stifter

*Die Familie ist die älteste aller Gemeinschaften
und die einzige natürliche.*

Jean-Jacques Rousseau

Feste und Gäste

Das reichste Mahl ist freudenleer,
wenn nicht des Wirtes Zuspruch und Geschäftigkeit
den Gästen zeigt,
dass sie willkommen sind.

William Shakespeare

Ein Leben ohne Feste
ist wie ein langer Weg ohne Einkehr.

Demokrit

Das Trinkgeschirr, sobald es leer,
macht keine rechte Freude mehr.

Wilhelm Busch

Geburt und Taufe

Das Leben ist wie eine Flamme,
die sich selbst verzehrt;
aber sie fängt jedes Mal wieder Feuer,
wenn ein Kind geboren wird.

George Bernard Shaw

Ein Kind ist sichtbar gewordene Liebe.

Novalis

Dem Täufling
Möge Gottes Segen,
an dem alles gelegen,
dich auf deines Lebens Straßen
nie verlassen.

Aus dem 19. Jahrhundert

Mir scheint, ich sehe etwas Tieferes, Unendlicheres,
Ewigeres als den Ozean
im Ausdruck eines kleinen Kindes,
wenn es am Morgen erwacht oder kräht oder lacht,
weil es die Sonne auf seine Wiege scheinen sieht.

Vincent van Gogh

Unser Wunsch ist wohl bedacht:
Für das sei immer frei und offen,
was das Leben sinnvoll macht:
zu lieben, zu glauben und zu hoffen!
Drei Engel mögen dich begleiten
für deine ganze Lebenszeit.
Die Engel, die ich meine,
sind Stille, Glück und Heiterkeit.
In allen Dingen mit Gott zu handeln,
sei deiner Seele Kraft und Gewinn.
Durchs Leben stets mit Gott zu wandeln,
das gebe deinem Leben Sinn.

Segenswunsch

Glück

Das Glück im Leben hängt von den guten Gedanken ab,
die man hat.

Mark Aurel

Das Glück ist das Einzige,
was sich verdoppelt,
wenn man es teilt.

Albert Schweizer

Suche das Glück nicht mit dem Fernrohr.

Isländisches Sprichwort

Viele Menschen versäumen das kleine Glück,
weil sie auf das große vergeblich warten.

Pearl S. Buck

Humor

Wer lächelt, statt zu toben, ist immer der Stärkere.

Japanisches Sprichwort

Wer sich nicht selbst zum Besten haben kann,
der ist gewiss nicht von den Besten.

Johann Wolfgang von Goethe

Nachdem Gott die Welt erschaffen hatte,
schuf er Mann und Frau.
Um das Ganze vor dem Untergang zu bewahren,
erfand er den Humor.

Mordillo

Humor ist der Schwimmgürtel auf dem Strom des Lebens.

Wilhelm Raabe

Leben

Das Leben ist bezaubernd.
Man muss es sich nur durch die richtige Brille ansehen.

Alexandre Dumas d. Ä.

Nicht dafür, dass wir lange leben,
müssen wir sorgen,
sondern dass wir genug leben.

Seneca d. J.

Das wunderbarste Märchen ist das Leben selbst.

Hans Christian Andersen

Lass dich nicht stören,
was auch äußerlich geschehe,
in des inneren Lebens Fülle und Freude!

Friedrich Schleiermacher

Verstehen kann man das Leben rückwärts,
leben muss man es aber vorwärts.

Søren Kierkegaard

Reden

Das Ohr ist der Weg zum Herzen.

Unbekannt

Schlagfertigkeit ist etwas,
worauf du erst 24 Stunden später kommst.

Mark Twain

Eine gute Rede soll das Thema erschöpfen,
nicht die Zuhörer.

Winston Churchill

Die Rede ist die Kunst, Glauben zu erwecken.

Aristoteles

Tod und Trauer

Da ist ein Land der Lebenden und ein Land der Toten,
und die Brücke zwischen ihnen ist die Liebe –
das einzig Bleibende, der einzige Sinn.

Thornton Wilder

Ich bin nicht tot,
ich tausche nur die Räume,
ich bin in euch
und geh' durch eure Träume.

Michelangelo

Tod! Eine Welt von Schmerzen liegt in diesem Wort.

Hans Christian Andersen

Wer das Wesen der Welt erkannt hat,
sieht im Tode das Leben,
aber auch im Leben den Tod.

Arthur Schopenhauer

Nicht den Tod sollte man fürchten,
sondern dass man nie beginnen wird, zu leben.

Mark Aurel

Zeit

Dreifach ist der Schritt der Zeit:
Zögernd kommt die Zukunft hergezogen,
Pfeilschnell ist das Jetzt entflogen,
Ewig still ist die Vergangenheit.

Friedrich Schiller

Die Zeit ist das kostbarste Gut;
man kann sie für Geld nicht kaufen.

Jüdisches Sprichwort

Das meiste haben wir gewöhnlich in der Zeit getan,
in der wir meinten, nichts getan zu haben.

Marie von Ebner-Eschenbach

Ringen wir mit der Zeit, gestalten wir sie!

Aurelius Augustinus

Zeit ist nur dadurch, dass etwas geschieht,
und nur dort, wo etwas geschieht.

Ernst Bloch

Nimm Dir Zeit

Nimm Dir Zeit, um zu arbeiten,
es ist der Preis des Erfolges.

Nimm Dir Zeit, um nachzudenken,
es ist die Quelle der Kraft.

Nimm Dir Zeit, um zu spielen,
es ist das Geheimnis der Jugend.

Nimm Dir Zeit, um zu lesen,
es ist die Grundlage des Wissens.

Nimm Dir Zeit, um freundlich zu sein,
es ist das Tor zum Glücklichsein.

Nimm Dir Zeit, um zu träumen,
es ist der Weg zu den Sternen.

Nimm Dir Zeit, um froh zu sein,
es ist die Musik der Seele.

Nimm Dir Zeit, um zu lieben,
es ist die wahre Lebensfreude.

Irisches Sprichwort